書

有馬哲夫
ARIMA Tetsuo

大本営参謀は戦後何と戦ったのか

400

新潮社

大本営参謀は戦後何と戦ったのか ● 目次

プロローグ――軍閥は生き残った　7

第一章　戦後の「軍閥」と「地下政府」　15
日本の武装解除と治安維持に「軍閥」は必要不可欠だ。
そう考えたＧＨＱは民主化に彼らの力を使うことにした。

第二章　国防軍を夢見た男――河辺虎四郎ファイル　34
ＧＨＱの下請けでインテリジェンス活動をした河辺機関。
しかし彼らの最大の目的は再軍備の主導権を握ることだった。

第三章　マッカーサーの「義勇軍」を率いた男――有末精三ファイル　70
戦後、義のために中国共産党との戦いに挑んだ日本義勇軍。
その裏で糸を引いていたのはマッカーサーだった。

第四章　吉田茂暗殺計画の首謀者にされた男――服部卓四郎ファイル　96
吉田茂を暗殺せよ――極秘計画はなぜ漏れたのか。
その背後には再軍備にまつわる暗闘があった。

第五章　変節しなかったトリプル・エージェント――辰巳栄一ファイル　141
中国国民党、ＧＨＱ、吉田茂の三者から信頼を得た辰巳。
彼は「裏切り者」だったのか。それとも愛国者だったのか。

第六章　第三次世界大戦アメリカ必敗論を説いた男――辻政信ファイル　179
元カリスマ軍人、ベストセラー作家にして国会議員。
アメリカが手を焼き続けた男の失踪の裏には何があったのか。

あとがき　242　年表　245　参考・引用文献　250

プロローグ――軍閥は生き残った

戦後世代の日本人は、次のように日本の戦後史を教えられてきたように思う。

日本は戦争に負け、アメリカに占領された結果、軍閥は打倒され、政治指導者は追放され、財閥は解体された。

ところが、事実はこの通説とは違っている。軍閥も政治指導者も財閥も、敗戦と共に消え去りはしなかった。

政治指導者が終戦後しばらくして復活したことは、重光葵《まもる》や岸信介や賀屋《かや》興宣《おきのり》などの多くの政治家が、公職追放が解除されたあと、中央政界へ次々と返り咲いたことからも明らかだ。財閥は解体されず、名前が変わっただけだということは、日本の占領史の泰斗ハワード・ションバーガーが『占領1945~1952』で証明した。

では、軍閥はどうなったのか。実は、政治指導者や財閥よりも早く復活したのが、もっとも戦争責任が重いはずの彼らだった。その一部は、GHQ参謀第二部（以下、G-2とする）と共に戦後日本の武装解除や治安維持や対共産主義国インテリジェンス（諜報）活動を行いながら、とりわけ再軍備の問題に大きく関わった。

本書の第二章から第六章までの「主役」となる人物の終戦時の階級と肩書きは以下の通りだ。

河辺虎四郎《とらしろう》＝陸軍中将、大本営陸軍参謀部参謀次長、有末《ありすえ》精三＝陸軍中将、大本営陸軍参謀部第二部長、服部卓四郎＝陸軍大佐、歩兵第六五連隊長（在中国）、辰巳栄一＝陸軍中将、第三師団長（在中国）、辻政信＝陸軍大佐、第一八方面軍高級参謀（在タイ）。

それぞれの細かい経歴については各章で触れるが、いずれも日本陸軍の中枢にいた参謀たちだ。

ということは、当然ながら、他の指導的地位にあった人々と共謀して侵略戦争を引き起こし、その戦争で主導的役割を演じた罪により、あるいは彼らの部下たちが犯した残虐行為や捕虜に対する虐待・殺害に対する責任により、戦争犯罪者として裁かれかねない立場にあったといえる。事実、辻などは、シンガポールで起こった華僑の虐殺などに直接手を染めていた。

それではなぜ彼らは生き延びたのか。言い換えれば、東條英機や松井石根《いわね》などは絞首刑となったのに、なぜ彼らは罪を免れたのかということだ。

その理由は、彼らがこれらの軍人たちのように、いかにしても罪を免れないような地位にはいなかったというほかに、占領軍にとってきわめて利用価値の高い人材だったというものだ。しかし、彼らはいちはやく復活したものの、やがて、ひとり、また、ひとりと姿を消していった。

政治指導者も財閥も、復活したあとは、そのまま戦後体制の中枢を担い続けたのに対し、軍閥だけは、自衛隊に残った一部を除いて、歴史の表舞台から消えていった。

とはいえ、GHQによる日本の占領は軍閥にとって「終わり」ではなかった。そのように見てきたこれまでの見方は改めなければならないだろう。

彼らにとってそれは「終わり」にいたるまでの厳しい「冬」だった。この時期を大本営参謀はどのように生きたのだろうか、「終わり」のときが訪れるまで何を為し、何を後に残したのだろうか。それを明らかにするのが本書の目的だ。

【本書の主たるソースについて】

戦後生き残った軍閥とその戦後の活動については、これまでも金呂万の『切腹した参謀たちは生きている』、吉原公一郎の『謀略列島』、森詠の『黒の機関』、春名幹男の『秘密のファイル』がその一部を明らかにしてきた。

筆者の五年にわたる調査の結果、これらの著作のソースとなった関係者の話や文書のほとんどは、二〇〇五年にアメリカ国立第二公文書館（アメリカ合衆国メリーランド州カレッジパーク）で新たに公開された「ナチス戦争犯罪、日本帝国政府公開法に基づく第二次公開資料１９４６―２００３」（Second Release of Name Files Under the Nazi War Crimes and Japanese Imperial Government Disclosure Acts, 1946-2003）の中に報告書や調書やメモの形で残されていることがわかった。

それどころか、前述の著書の書き手たちが執筆当時利用できなかった多様で多角的な情報もこの文書のなかに収められていた。この第一次資料は、それまでＣＩＡが所蔵していたのでＣＩＡ文書と呼ばれている。公文書としても、ＣＩＡに割り振られたＲＧ（レコード・グループ）２６３に分類され、そのカタログに索引が記載されている。

このＣＩＡ文書の中でも、戦後に生き残った軍閥という本書のテーマにとって重要なのは「河辺虎四郎ファイル」、「有末精三ファイル」、「服部卓四郎ファイル」、「辰巳栄一ファイル」、「辻政信ファイル」、「野村吉三郎ファイル」、「児玉誉士夫ファイル」などだ。これらのファイルのなかの文書は、極東国際軍事裁判の調書、Ｇ‐２、ＣＩＣ（対敵諜報隊 Counter Intelligence Corps、Ｇ‐２の下部組織）、ＧＳ（民政局 Government Section）、ＣＩＳ（民間諜報局 Civil Intelligence Section）、ＣＩＤ（民間諜報課 Civil Intelligence Division）などＧＨＱ内の部局の調書などから成り立っている。

これらの情報を補完するものとして、さらにＢＩＲ（国務省情報調査局 State Department, Bureau of Intelligence and Research）、ＣＩＮＣＦＥ（極東軍司令部 Commander in Chief Far East）、ＭＩＳＦＥ（極東軍陸軍情報局 Military Intelligence Services Far East）、ＯＮＩ（海軍情報局 Office of Naval Intelligence）、ＯＳＩ（空軍情報局 Office of Special Investigations）、駐日アメリカ大使館などの機関が、独自に収集した文書が加わる。

つまり、これらの報告書や記録や文書は、ＣＩＡが極東国際軍事裁判所、ＧＨＱのＧ‐２やＣＩＣなどから引き継いだもの、ＢＩＲやＯＮＩやＯＳＩから回ってきたもの、そしてＣＩＡ自身が独自に情報収集して作成したものから成り立っているといえる。

これらのファイルの情報の信頼性について少し述べよう。これらの文書はさまざまな機関から引き継いだ文書から成り立っているので、それらの情報の信頼性は一応高いといえる。ふるいにかけた結果、信頼性が高いものだけが残ったと考えられるからだ。なかには、信頼性は低いものの、参考のために入れられているものもある。

これらの文書のなかには、もともと情報の格付けや評価が行われているものがある。たとえば、CIC文書の場合だと情報源（情報提供者）の信頼度に応じてAからFまで格付けし、かつ、情報自体にも1から6までの格付けを与えている。

つまり、A1は確実、F6は信頼できるかどうか判断できないということになる。これはCICが情報の信頼性に関係なく、片端から情報を集めていたことを示している。

一方、CIAが作成した文書の場合、確度の高い情報だけを報告書にまとめているので、このような格付けは基本的にない。その代わりに「現地担当者のコメント」(field comment)が文書の最後につけられている。現地担当者は、他にもいろいろな情報に触れているのでその情報の評価の他に、付け加えるべきこと、注意すべきことなどを書き込む。

それらの内容も、日本の新聞や雑誌の記事、テレビやラジオの報道がもとになっている例が見受けられる。文書の中身が新聞や雑誌記事そのものだったりすることさえある。

現在でもインテリジェンス機関が利用する情報の九五パーセント以上が各種メディアで公開されている情報だということを考えれば、これはそれほど驚くべきことではない。

ＣＩＡファイル全体としては、占領後ＧＨＱとＣＩＡが日本の何を問題にし、日本をどの方向に誘導しようとしていたのかということを物語っている。端的にいえば、それは日本を共産主義に対する防波堤にすること、そのために占領終了後に再軍備させること、安定的な親米・保守政権の基盤を作るために親米・保守勢力を糾合することだ。

軍閥に関しては、再軍備が、もっとも関心が高く、もっとも工作が行われた分野だった。

本書では、このようなＣＩＡ文書やその他の文書を第一次資料として使用することによって、ＧＨＱやＣＩＡの思惑のなかで、軍閥の一部が戦後なにをしていたのか、また、彼らの戦後の活動が、再軍備を中心とする戦後体制になにを残したのかを明らかにしたい。

それによって、これまで書かれたものではわからなかった部分を新たに明らかにし、従来いわれてきたことと理解を異にするところでは、新たな解釈を示したい。

なお、本書では出典を示すために以下の略称を用いる。

ＡＲ　ＣＩＡ有末精三ファイル
ＨＡ　ＣＩＡ服部卓四郎ファイル
ＫＡ　ＣＩＡ河辺虎四郎ファイル
ＴＡ　ＣＩＡ辰巳栄一ファイル
ＴＳＵ　ＣＩＡ辻政信ファイル

また、煩瑣になるので、上記のＣＩＡファイルに入っているものは、極東国際軍事裁判所の調書も、Ｇ-２、ＧＳ、ＣＩＣなどＧＨＱ内の部局の文書なども一括してＣＩＡ文書または報告書と呼ぶことにする。

ただし、区別のために、略称のあとに文書または報告書の作成された年月日を示す。年については最後の二桁のみにする。従って、たとえばＣＩＡ有末精三ファイルのなかに入っている一九五三年一〇月一六日の文書は、AR, 53, 10, 16と表記する。

注意してもらいたいのは、報告書や文書の作成年月日と記載されている事柄が起こった年月日はいつも一致しているわけではないということだ。五三年一〇月一六日に起こったことがその三年後や一〇年後にほかの情報と共に報告されることはよくある。とくに略歴(Bio-Data, Personality Information Data)などの場合にはこれが起こる。

また引用文中の（　）は基本的に筆者による註だ。

第一章　戦後の「軍閥」と「地下政府」

CIA文書に残っている戦後の「軍閥」

軍閥とは、もともと日本軍の派閥という意味だ。田中隆吉は『日本軍閥暗闘史』の中で軍閥に「政治に干渉する軍人の集団」という定義も加えている。

一八八二年に明治天皇から下賜された軍人勅諭には、軍人は「世論に惑わず、政治に拘わらず」とあり、軍人は政治に干渉してはならないとされていた。その禁を破って軍人が政治を壟断《ろうだん》するようになったからこそ、日本は敗戦への道を辿ったといえる。

本書で扱う戦後の軍閥も、戦前とは違った形で、戦後の政治、とりわけ再軍備と関わった。従って、戦前のものとは区別して、これ以降カッコ付きの「軍閥」としよう。

ＣＩＡ文書のファイルに名前を残している「軍閥」は、二つのグループに分けることができる。巣鴨プリズンに入らなかったグループと入ったグループだ。

有末精三や服部卓四郎などのように、大本営陸軍参謀部（以後大本営参謀本部とする）にいたエリート軍人のうち利用価値の高い者は、ＧＨＱが利用しようと考えたため、取調べは受けたが、巣鴨プリズンへの収監を免れた。

これに対して、東條、梅津美治郎、松井などの重要戦争犯罪容疑者は、巣鴨プリズンに収監され、取調べを受けている。

ＣＩＡファイルに名前を残さなかった旧軍人も、調書や記録がないわけではない。戦争犯罪容疑者となれば、辻政信の場合のように収監されたり、身柄を拘束されたりしたことがなくても、極東国際軍事裁判所とＧＨＱによって作成された文書が残っている。

従って、ＣＩＡ文書のなかに記録や文書がない軍人たちに関しても、調書や記録はあるのだが、ＣＩＡが彼らに重要性を認めなかったために、それらを前述した機関から引き継がなかったということになる。

あまりにも機密性が高く、かつ、アメリカにとって外交上の問題になる可能性があるのでファイルにして残さないということは可能性としてある。だが、筆者が知る限り、中身の文書の一部または大部分を抜き取ることはしても、ファイルそのものを廃棄することはしないようだ。戦争犯罪容疑者がアメリカの情報関連機関と持った関係も、その人物によって、ケースによって異なる。「軍閥」は、終戦と共にＧ－２庇護を受けたことから、Ｇ－２やそれに関連する情報機関のエージェントのような扱いを受けた。実際、彼らはＧ－２のために情報を収集したり、工作したりしている。ＣＩＡファイルに彼らに関する大量の情報が蓄えられたのはこのためだ。

複雑なのは、彼らがＧ－２等の機関に忠節を誓ったわけではなく、忠実だったとはいえないということだ。従って、彼らはアメリカ側から命じられたことをすべて実行したわけではなく、自分たちが知っていることをすべて教えたわけでもなかった。その意味で彼らは誇り高い大日本帝国軍人だった。

「軍閥」として名前をあげることができるのは、河辺虎四郎、有末精三、服部卓四郎、辰巳栄一、辻政信らだ。有末を除くとみな関東軍にいたことがあり、みな対ソ連インテリジェンスに関わり、大本営参謀本部に入って戦争指導にあたった経験を持つ。

「地下政府」と「宇垣機関」

「軍閥」は、ＧＨＱが「地下政府」（Underground Government）と呼んだ勢力と結びつきを持っていた。この言葉は、特に占領期には、『真相』など反軍部・反右翼の暴露雑誌に登場するが、ＣＩＡ文書でもたびたび出てくる。

「日本のインテリジェンス機関と日本の復活」と題されたＣＩＡ文書のなかでは次のように定義されている。

鍋山貞親、宇垣一成《かずしげ》、河辺、鳩山と公職追放された政治家、外務省と公職追放された外交官、近衛の息子（次男通隆か。長男文隆はシベリアに抑留されている）、東久邇宮《ひがしくにのみや》、皇太后といった人々を包摂する連合体になりうるもの。

（"Japanese Intelligence Services", HA, 51. 5. 11）

要するにＧＨＱの「民主化」政策によって排除された人々——軍閥、政治的指導者、官僚、財閥など公職追放によって地下に追いやられた勢力全体——を指しているようだ。注意すべきは「なりうるもの」といっているので、しっかりと確立された基盤や組織を持つものではなく、未だ生成過程にあるものと見られていることだ。

しかしながら、敗戦と占領によって表の政府が権威と力を持ち得ない状況では、この「地下政府」が陰でさまざまな問題の処理をしていたようだ。『真相』なども、はっきりと定義してはいないが、同じように考えていたと思われる。「地下政府」のなかでも中心的なものは、GHQに「宇垣機関」と呼ばれていた。

「宇垣機関」に名前が冠せられている元陸軍大将の宇垣は、一九三八年（以後年号は最後の二桁のみ記す）に外相を退任したあと、政治の一線からは身を引き、終戦時には拓殖大学の学長だった。それでも敗戦後は公職追放の処分を受けている（解除は五二年）。

また、「機関」とは戦前・戦中の日本で、正式の日本政府や軍の組織には属さずに特殊任務やインテリジェンス活動を行った準軍事組織のことだ。それらの任務、予算、組織、人員の実態はまちまちで、しかも秘密にしたため現在でも不明な部分が多い。

戦後の混乱のなかで、これらの「機関」は、「軍閥」の一部や特務機関員などが自己防衛と生活のために作った私設「機関」に変わっていた。

「服部ファイル」によれば、「宇垣機関」はおおむね次のような構成になっていた。

日本のインテリジェンス機関―宇垣機関―河辺機関―河辺機関
有末機関
児玉機関

服部機関
及川機関
岩畔機関
その他
（"Japanese Intelligence Services", HA, 51, 5, 11）

なお、宇垣機関の傘下に河辺機関があり、河辺機関の傘下に河辺、有末、児玉（誉士夫）、服部、及川源七、岩畔《いわくろ》（豪雄）機関があるので、河辺機関の部分が重複するが、任務や分担に厳密な区分があるわけではなく、「機関」相互の関係もきわめて緩やかで流動的だったのでこのようになっている。

この図の一番下にある機関も、その多くは下に複数の組織を従えていた。また、末端の機関は、いつも特定の機関の仕事をするわけではなく、そのときどきで他のいろいろな機関の下請けをしていた。

このような機関や組織のなかには、独自に、あるいは上位機関のために、密輸や秘密工作や情報収集などを行うものもあった。非合法活動だが、上位機関のためにする場合は、G－2の黙認や支援を受けているケースが多かった。

戦後の「軍閥」は、旧日本軍や「宇垣機関」とのつながりから、このような「地下政府」傘下の機関ともつながっていた。

ところで、宇垣が戦前と戦中に政治的に大きな力を持っていたことはよく知られる。宇垣こそは、政治に関わろうとした軍人、つまり軍閥の代表とみることもできる。

三七年一月二五日、宇垣は天皇から組閣の大命を受けながらも、軍部の反対によって総理大臣の座に就けなかった。その後も、宇垣はことあるごとに、軍人でありながら総理大臣候補として名前を挙げられ続けた。宇垣と吉田茂の書簡からは、三九年から四三年にかけて、吉田がしきりに宇垣を総理大臣の座に就けようとしていたことがわかっている。

宇垣一成

「宇垣が日米戦争の前に政権をとっていたならば、日米開戦はなかったかもしれない、戦争中に政権をとっていたならば、すみやかに和平工作がおこなわれ、終戦はもっと早かったかもしれない」という人もいる。確かに宇垣は、戦争末期に、中国大陸を中心に終戦工作に動いていた。ゆえに宇垣は、同じく日米開戦に反対し、戦時中は和平工作に動いていた吉田と共にGHQの覚えがめでたかった。

このこともあって、GHQは終戦まもなく宇垣と取引をした。宇垣が、宇垣派(Ugaki Faction)の将軍(その多くは大本営参謀本部の幹部だった)に、アメリカの占領に協力するよう説得する代わり、GHQは宇垣派の将軍たちの戦争犯罪を免じ、彼らの秘密工作とインテリジェンス工作の一部も黙認するというものだった(AR, 50, 10, 18)。

『真相』なども宇垣の戦後の蠢動《しゅんどう》について記事を書いているが、さすがに、そこまでは知らなかったのか、あるいは知っていても占領中のことなので検閲されていたのか、GHQと宇垣の密約のことについてはまったく触れていない。

「宇垣機関」が戦後の諸機関のなかで最大の勢力になったのは、そして同じく取引によってG-2のなかに引き込まれた戦後の「軍閥」がこの機関と関係するのは、このような背景によるものだった。

「地下政府」と「日本義勇軍」

戦後の「軍閥」と「宇垣機関」など「地下政府」傘下の機関の一部は、「日本義勇軍」

と呼ばれる旧日本軍の軍人たちによる対中国共産党軍事行動とも関わっていた。

「日本義勇軍」（台湾に派遣されたので日本側では「台湾義勇軍」とも呼ぶ）とは、中国国民党が中国共産党に追い詰められ、中国大陸から駆逐されようとしていたとき、反攻を試みるために旧日本軍の幹部をリクルートして編成した「義勇軍」全体を指す。

中国国民党は、彼らが「留用」していた旧日本軍の将兵ばかりか、すでに日本に帰国を果たしていた旧軍人や特務機関員までもこの工作に駆り出した。

最近、ノンフィクション作家の門田隆将が『この命、義に捧ぐ』で描いた根本博・元陸軍中将は、まさしくこの「日本義勇軍」の先駆けだった。

根本の一団（乗組員七名、根本以下将兵六名）は、四九年六月二六日、着の身着のままで、わずか六〇トン（『真相』の記事の記述）の船に乗り、二週間にわたるさまざまな困難ののち台湾の基隆《キールン》港に着いた。だが、根本に声をかけた中国国民党の閻錫山《えんしゃくざん》将軍が失脚するなど、いろいろ齟齬《そご》をきたしていたため、到着後彼らは冷遇された。

実は、中国国民党はこれに先立って、これとはまた別の「日本義勇軍」も動員しようとしていた。こちらのほうは、元支那派遣軍総司令官岡村寧次《やすじ》大将を総指揮官に擬した大規模かつ本格的なもので、「日本義勇軍」と呼ぶにふさわしいものだった。

その動きも、四九年二月四日には岡村を日本に送り込むなど、実は根本たちよりも早かった。規模が大きかったので本格始動が遅れただけなのだ。

規模についていえば、当時この「日本義勇軍」（記事の中では「台湾義勇軍」）のことを数回にわたって書きたてていた『真相』の五〇年一〇月一五日の記事によれば、募兵の目標は一〇万から二〇万人ほどだったという。ただし、この数字は誇張の感が否めない。

いずれにせよ、彼らが日本各地に支部を作って本格的に募兵活動に入ったのは、CIA文書に従うと、四九年の九月になってからだった（児玉ファイル、49, 9, 4）。

そして、病気の重い岡村に代わって元陸軍少将富田直亮《なおすけ》が指揮を取ることが決定され、新指揮官が元航空関係将校八名と共に台湾に送られるのは、前述の『真相』の記事では晩秋のことだとされている。ということは、「日本義勇軍」本体の本格始動は一一月以降と考えてよいだろう。

根本はその前の一〇月二六日に前日から始まっていた金門島の戦いで歴史的大勝利をあげていた。その後、台湾の富田と根本のもとには、募兵に応じた元軍人や「宇垣機関」の関係者が馳せ参じた。結局大陸反攻はならなかったが、富田らはその後二〇年以上にわたって「白団《パイダン》」と呼ばれる中国国民党の軍事顧問団を務めた。これは富田の中国名、白鴻亮の「白」をとったものだ。

ちなみに、岡村は三一年にクーデターによって宇垣を首班とする政権を打ち立てようとした三月事件に関わっていた。つまり、彼もまた「軍閥」や「地下政府」傘下の機関と同じように宇垣の信奉者だったのだ。

従って、これらの機関が、「日本義勇軍」に参加、ないし協力することに積極的だったのは不思議ではない。

しかも、それ自体が共産主義国に対する軍事行動であり、インテリジェンス工作であるほかに、中国国民党から資金を得ることができ、並行して行う密貿易（行きの船は「義勇兵」を乗せ、帰りの船は密輸品を満載した）によって利益を得ることもできたのだ。

ＧＨＱも、いわゆる「逆コース」（当初は日本の非軍事化と「民主化」を優先し、財閥解体と戦争指導者の公職追放を行ったが、共産主義勢力と対抗するために「経済復興」の優先に方針転換し、財閥解体の中止と公職追放の解除へと向かった一連の動き）以降は、反共産主義という立場から、これらの機関が「日本義勇軍」に参加し、協力することを勧め、その過程で彼らが密貿易に携わることを黙認した。

後で詳しく述べるが、そもそも「日本義勇軍」を考え出した人間のうちの一人は、GHQ最高司令官マッカーサー自身だったのだ。

「軍閥」と「地下政府」傘下の機関がこうして得た資金と利益は、日本再建運動の活動費や、貧困にあえぐ彼らの仲間や部下やその家族の生活費に消えていった。

占領中にしばしば世間を騒がせた密輸にからむ怪事件の多くは、このような「日本義勇軍」とそれに連なる「軍閥」と「地下政府」傘下の機関が関係していた。

この他に彼らが関わった事件は、吉田暗殺・クーデター事件だ。五二年の夏に服部卓四郎と辻政信らは、吉田暗殺・クーデターをひそかに計画し、当時首相だった吉田茂の心胆を寒からしめたが、これには日本全国で約五〇万人の元軍人が呼応する予定だったとCIA文書は記している（第四章で詳述）。

この約五〇万人という数字は、「地下政府」傘下の機関、「日本義勇軍」、対共産主義国インテリジェンス工作・密輸に直接、間接に関わった旧軍人たちを合計していくと、あながち誇張ともいえないことがわかる。彼らが、少なくとも現在の私たちが想像する以上の勢力だったことはたしかだ。

実際、五三年四月に宇垣が老体に鞭打って参議院選挙に全国区から出馬したとき、五一万三七六五票をとってトップ当選を果たした。当時の日本人は、宇垣が健在だということ、そして五一万もの票を動かす力をまだ持っていることを知って驚いた。

なぜ軍閥の一部は戦後も温存されたのか

「日本義勇軍」はともかくも、なぜGHQは、軍閥の一部を温存し、戦後も「軍閥」として活動するのを黙認したのだろうか。アメリカの戦争目的とは、ドイツでそうしたように、戦争指導者を徹底的に除去することで、非軍事化し、民主化し、二度と戦争を起こさない国にすることではなかったのか。

彼らが戦争犯罪容疑に問われなかったのは、彼らが戦場で実際に指揮を執るというよりは（辻は除く）、作戦の立案に当たっていたこともあるが、アメリカ的功利主義によるものだったと考えれば理解しやすい。

アメリカという国は、捜査や裁判でもよく取引が行われる。たとえば、窃盗で捕まった男に、他の殺人容疑者について検察側に有利な証言をすれば罪は免訴にすると誘う。

同じ発想で、占領を成功させるために治安を維持し、来るべきソ連や中国との戦いに備えるために、「軍閥」を使ったほうがうまくいくならば、躊躇《ちゅうちょ》しないということだ。

たとえば、中国で人体実験を行った七三一部隊の石井四郎にも、データをアメリカ側に引き渡せば、彼の非人道的行為に対して罪を問うことはしないと約束した。それだけでなく、生活に困った石井のかつての部下が、彼の中国大陸での悪魔の所業を断罪し、あるいはそれを種に金銭を要求したとき、アメリカのCIC（対敵諜報隊）は石井を護ってやったり、金銭を貸したりしている。

岡村の場合も、彼に「日本義勇軍」を指揮させるために、戦後彼を戦争犯罪者として拘束していた中国国民党に対し、早期の無罪放免と日本への送還を要求している。結局岡村がこの「義勇軍」を指揮することはなかったが、兵員そのものは台湾に送られた。

アメリカはナチス・ドイツのラインハルト・ゲーレンらに対しても同じことを行っている。ソ連と戦ったゲーレンたちの戦争犯罪を免責するかわり、アメリカの対ソ連インテリジェンスに協力させたのだ。CIAファイルには戦後の「軍閥」についての膨大な文書が残っているが、ゲーレン機関関係者に関する文書はさらにその数十倍にのぼる。

武装解除と治安維持にあたった「軍閥」

「軍閥」に話を戻すと、ＧＨＱは占領初期において彼らと「地下政府」の協力が絶対必要だった。それなしには、日本の「民主化」という大改造に取り組むことはできなかったからだ。ここは現代の日本人にはわかりにくい点かもしれない。「民主化」とは要するにそれまでの日本の支配層、軍閥、政治家、財閥を投獄、追放し、それまで弾圧されていた共産主義者や労働組合を支援し、小作農や女性を解放することだった。しかし、そのために、前段階として、まず日本軍を武装解除し、武力衝突や暴動がおこらないよう、治安を保たなければならなかった。終戦時の日本の人口は、およそ八〇〇〇万人でそのうち約七八九万人がそれまで日本軍に所属していた。

その内訳は国内に四四一万人、国外（終戦後ポツダム宣言によって定められた日本の領土に対しての国外）に約三四八万人だった。彼らは戦争終結と共に日本本土を目指して困難な帰還を開始した。これによって生じる混乱は、今日では想像できない。

ＧＨＱはソ連や中国共産党の支配地域から復員してくる将兵には特別の注意を払わなければならなかった。共産主義に染まっていて、革命のために、組織的に暴動を起こしたり、破壊工作を行ったりするかもしれないからだ。こういった共産国からの復員者でなくとも、それまで日本人が敵として戦い、憎悪してきたアメリカ人が進駐してきて、ながらく留まるのだから、多くの衝突や困難があった。

これら占領される日本人に対し、占領するGHQは、占領初期のピーク時でも約四三万人しかいなかった。この数は年を追って縮小し、三年後には本土だけに関していえばわずか一〇万人程度になってしまった。しかも、GHQの人員構成にも変化があり、終戦時のアメリカ軍兵士のほとんどは除隊し、入れ替わりにやってきたのは、弁護士やビジネスマンや官僚や教師などが多かった。彼らは将兵というよりは、文官だった。

そのためGHQは、占領当初から、「軍閥」と「地下政府」傘下の機関の一部を旧日本軍の武装解除、復員、治安維持、対敵インテリジェンスに最大限に活用することを計画していた。そして、実際に、占領を始めてみて、それが正しかったことを確認した。

特に、河辺機関、有末機関、それらとG‐2やCICが合同した機関は、この治安維持と対敵インテリジェンスのなかでも非公然活動の部分を担当した。彼らが力を持ちえたのは、GHQの後ろ盾を得ていたというほかに、「地下政府」傘下の機関と関係があって、ある程度までそれらの組織と人員に影響力を行使できたからだ。

このような日本人から成る下部組織を持つことによって、GHQの武装解除と治安維持は何とかできたといえる。そして、GHQが打ち出した「民主化政策」がそれなりの成果をあげたのも、「軍閥」と「地下政府」傘下の機関の協力のおかげだったといえる。

「逆コース」と「軍閥」

占領初期が終わり、四七年頃から冷戦が顕然化すると、このような武装解除と治安維持と「民主化」よりも、次なる敵であるソ連、そして共産党が勝利した中国と対峙していくため、日本を「反共の防波堤」にすることが重要になってきた。現実の戦争の脅威を前にして、「民主化」の理想や大義にこだわっていられなくなったともいえる。

とりわけ、「逆コース」のあとは、軍閥打倒、戦争指導者追放、財閥解体、左翼勢力の容認などの「民主化」は棚上げされ、「経済復興優先」の掛け声のもと、「軍閥」の再軍備への利用、公職追放の解除、財閥再生、左翼勢力の弾圧など「反共の防波堤化」に力点が移るようになった。

このため、河辺、有末に加えて、辰巳、服部、辻も活用しなければならなくなった。

彼らは大本営で高い地位にあった将校であると同時に対ソ連戦のインテリジェンスや作戦のエキスパートだったからだ。

「逆コース」の頃になると、復員軍人のチェックと治安維持に重点を置いていた河辺機関は、同じく治安維持を行っていたCICなどG-2傘下の組織と合同し、かつインテリジェンス機関としての機能を強化してKATO機関（河辺、有末、田中隆吉、及川機関のほかに児玉、辰巳、岩畔機関など日本側の機関とG-2傘下の組織との合同機関、次章で詳述）となった。実は、このKATO機関のメンバーは対共産圏インテリジェンスと国防計画立案を行っていた特殊インテリジェンス班にも所属して深く関わっていた。KATO機関は、秘密裏に根本や岡村の「日本義勇軍」の活動にも関わっていた。活動そのものが、インテリジェンス工作にもなっていたからだ。

こうしてG-2は、「逆コース」以降、「軍閥」を武装解除と治安維持というより、対共産圏インテリジェンスと国防計画立案に重点的に使うようになった。これによって彼らは警察予備隊に始まる日本の再軍備のなかで一定の役割を演じることになる。

現在、「軍閥」の参謀としての評価は分かれている。半藤一利と保阪正康の『昭和の名将と愚将』では、服部と辻は愚将の代表格として名前を挙げられている。愚かなだけでなく、数々の判断上、作戦上の過ちを犯しながらその責任を取らなかったとして厳しく糾弾されてもいる。

これに対し、秦郁彦は『昭和史の軍人たち』のなかで、辻のノモンハンでの攻撃一点張りの作戦とそれを追認した服部の罪を重いとしながらも、マレー半島作戦には高評価を、バターン半島作戦には一定の評価を与えている。

G-2のトップで、彼らを活用する立場だったチャールズ・ウィロビーは別の尺度で彼らを測り、高く評価していた。つまり、復員軍人に対して権威を持っているかどうか、対ソ連・中国共産党作戦を立案するうえで有用かどうかという尺度だ。

筆者はこの二人を含む「軍閥」のそれぞれを愚将と蔑むつもりもなければ、国のために陰で尽力した人物だと持ち上げるつもりもない。

ただし、次のようには言える。GHQが軍閥の一部を温存し、占領期に彼らが一定の役割を果たしていなければ、朝鮮戦争中の警察予備隊の設置に始まる日本の再軍備は、現在われわれが知るものとは違った形をとっていただろう。

彼ら自身は五〇年代と六〇年代に次々と亡くなっていったが、その形成に影響を与え、かつての同志や部下を送り込むことによって、現在の自衛隊となったものに自分たちのたしかな刻印を残している。この点でも戦後も彼らが存在していたこと、そして活動していたことは大きな意味を持っていた。

第二章　国防軍を夢見た男——河辺虎四郎ファイル

ウィロビーとの出会い

終戦当時、河辺虎四郎の地位は、大本営参謀本部次長で、階級は中将だった。これは参謀総長梅津美治郎大将に次いで高位だった。石原莞爾の影響を受け、「北進論」（日本は北に進出してソ連と戦うべきという考え。資源を求めて東南アジアに進出すべきという「南進論」と対極をなしていた）という立場を取り、対ソ連作戦の立案に携わった。

河辺は日本がポツダム宣言を受諾した翌日、すなわち四五年八月一六日に命を受け、アメリカの占領軍を迎えるための使者として一九日にマニラに遣わされた。

同地に到着し、飛行機のタラップを降りたとき、屈辱的な「握手事件」が起こる。飛行機から出たあと、出迎えたアメリカ将校が手を差し伸べるので、河辺が握手しようとしたところ、向こうはその手を引っ込めてしまった。手が宙に浮いたままの無様なポーズの彼に、アメリカの報道兵は容赦なくフラッシュを浴びせた。大変な屈辱だ。

飛行場に迎えにきたG‐2のウィロビー少将はこのことをひどく気の毒がって、彼にいたわりの声をかけてくれたという。いったんホテルに落ち着いたあと、河辺をマニラ市庁にあるマッカーサー司令部に車で案内したのもウィロビーだった。

この後のことを思うと、これはウィロビーたちが計算の上でしたのではないかと思えてくる。つまり、河辺を辛い目に遭わせておいて、いたわりの言葉をかけ、ホロリとさせて心を摑むということだ。

マニラの連合軍最高司令部を訪ねた河辺（右から２番目）

この二人は、終戦協定の調印が終わり、アメリカ軍の進駐も一段落した同年九月二四日に、東京の帝国ホテルで再会する。このときはウィロビーに食事に招かれたもので、元大本営参謀本部第二部長の有末精三も一緒だった。

河辺の回想録『市ヶ谷台から市ヶ谷台へ』によると、このときウィロビーは河辺にこういったという。

予がマニラで君を迎えた時、君の心情に同情を禁じえなかった。軍人としての最大の悲劇だ。日本に戦後グンバツ（日本語でいう）を呪う声が高いが、予はアメリカのグンバツだ。軍人の運命は数奇なものだ。今日あって明日が計りがたい。余もまた次にはどこかの国から戦犯者として引張られるかもわからん。戦争にいずれの側に罪があるかを論ずることはおかしなことだ。だが、この戦争では君たちが数学的エラーを犯したことは事実だと思うだけだ。

これもまた胸にしみる言葉だ。だが、大本営参謀本部次長ともなれば、相手が何を考えてこのような言葉をかけているのかわかったのではないか。それとも、それがわかっていても、敗戦直後という状況なので、思わず胸にこみ上げるものがあったのだろうか。そんな胸の内を聞きたいところだが、このあと回顧録は別の話題に移ってしまう。そのあとウィロビーとどう関わったのか、そして、なにをしていたのかについて河辺自身はまったく語っていない。まるで、四五年を限りに隠遁生活に入ったかのようだ。

しかし、CIA文書を読むと、決してそのようなことはないことがわかる。むしろ、河辺が別の戦いを始めたのだということを示している。つまり、戦争に敗れた日本を再建し、治安維持機関とインテリジェンス機関を立て直し、再びアジアの大国として復活

河辺虎四郎（1890〜1960）

富山県出身。1912年陸軍士官学校卒。31年陸軍中佐。32年ソ連大使館付武官、34年関東軍参謀、37年参謀本部課長、41年陸軍中将、45年4月参謀本部次長、10月予備役、47年「河辺機関」を設立、これが48年ウィロビーの指導の下G‐2と合流しKATO機関の一部となる。

させるための戦いだ。

河辺機関設立

河辺機関は、『謀略列島』、『秘密のファイル』、『黒の機関』でも紹介されていて、最近では共同通信社によって「幻の新日本軍計画　旧軍幹部　首相に提案」という記事にされ、二〇〇六年八月二〇日付で日本の地方紙に配信されている。この機関について、のちに辰巳栄一の顧問となり、陸上自衛隊幹部になった高山信武《しのぶ》は著書『服部卓四郎と辻政信』で、辰巳栄一に取材している。辰巳は高山の問いに対して次のように述べている。

> そこでマッカーサー司令部の指導によって、河辺機関なるものがつくられた。これは終戦時の参謀次長であった河辺虎四郎中将を長とし、終戦時の陸相

阿南《あなみ》大将のあとを受けて帝国陸軍最後の陸軍大臣となった下村定《さだむ》大将、終戦時の参謀本部第二部長有末精三中将、それに私の四名が中心となっていた。

全国を五地区に区分し、各地域に責任者を置いた。即ち北海道は荻《ママ》三郎少《ママ》将、東京周辺は高嶋辰彦少将、近畿地区は木村松次郎中将、中国地区甲谷悦雄大佐、九州地区芳仲和太郎中将等である。

この機関の任務は、終戦後における各地方の治安状況を調査するとともに、とくにシベリア方面からの引揚者による共産化活動や対ソ情報の収集等、当時の国内治安維持のための情報活動が主体であった。

これに対して有末精三は『ザ・進駐軍』のなかで河辺を長とする組織について次のように記している。

米軍歴史課の仕事（G-2でウィロビーが行っていた太平洋戦史の編纂を手伝っていた）が一段落したこの頃から、河辺虎四郎中将を長として、下村定大将を顧問格とし、辰巳栄一中将、芳仲和太郎中将、山本茂一郎少将、西郷従吾大佐、これにわたし（有末精三中将）もその一員として一班が編成され、情報の査覈《さかく》研究に従事した。

企画指導は河辺中将自ら主宰していたが、主要補佐は特に吉田首相とも連絡のいい辰巳中将がこれに当たり、北海道の萩三郎中将、真田穣一郎少将、青森の佐々木勘之丞少将、山口県の甲谷悦雄大佐などが全国的に国内情勢とくに共産党の策動状況調査などについて協力した。

辰巳と有末の河辺機関についての記述は、共通の部分もあるが、違う部分も多い。共に、シベリア方面からの復員者と共産化活動を行っている日本人についての情報収集と監視とを目的としているが、どうも辰巳が話しているほうは、治安維持と監視に重きがあり、有末が述べているほうは「情報の査覈（調査研究すること）」に力点があるようだ。

地区支部の構成とその支部長が異なっているのも、そのせいかもしれない。もちろん、時期によって変動したためだとも説明できる。有末はここでは触れていないが、実はこの「情報の査覈」をした班は、ＧＨＱ内のある班と合同していた。この班の名は、「特殊インテリジェンス班（U.S. Department of Army Special Intelligence Section）」という。第五章で詳しくみるが、これは板橋の旧陸軍造兵廠に置かれていた。これは、吉原公一郎が『謀略列島』の中で「NYKグループ」という名称で以下のように述べているグループと同じか、少なくとも何らかの関係があると見られる。

この郵船ビルの高級参謀グループは、一九四九年に、CICが板橋の旧造兵廠に移転した後に、やはり板橋に移ってその一郭で仕事を続けている。「NYKグループ」といい、その構成メンバーは次のような人たちであった。

元陸軍大将　下村定
元陸軍中将　河辺虎四郎、有末精三、辰巳栄一
元西部軍参謀長・陸軍中将　芳仲和太郎
元陸軍少将　山崎某（五三年から出入しない）
元侍従武官・元陸軍少将　沢本理吉郎（五三年から出入していない。三一《ママ》年当時（実際は三二年）、ポーランド、ソ連駐在）
元ビルマ軍参謀・元陸軍大佐　横内某

元ラングーン機関長・元陸軍大佐・平岡某
その他大佐一名、大尉一名、タイピスト二名、事務員二名

GHQ関連の文書には、POPOVという暗号名が頻出するのだが、これはこの特殊インテリジェンス班のことか、さらにその上位のインテリジェンス機関を指していると見られる。辰巳の話では河辺機関が「マッカーサー司令部の指導によって」全部作られたような印象を受けるが、有末の個人調書では彼が河辺機関に加わったのは四七年のことだとされている（AR, 59, 9, 15, Arisue Personality Information Data）。

事実、四七年九月四日付報告書からは、有末が河辺機関を財政的に支援し、それをきっかけに親しくなったという記述がでてくる。また、「芳仲や辰巳が難色を示したのだが、河辺はこれを押し切って有末を四八年に自分の機関に迎えた」という記述もある（TA, 52, 8, 3）。

ということは、まず、四七年に河辺機関が「敗軍の将たち」によって自発的に作られ、それにG－2が援助を与えたり、有末が加わったりすることによって、一年後にG－2と合同したということになる。おそらく、これがもっとも事実に近いだろう。

河辺機関がG-2主導で作られたものなのか、それともそれに先立って河辺たち「憂国の元参謀たち」の機関としてあったのかということに筆者がこだわるのは、河辺機関が何を目的とし、そのためにG-2に対してどんなスタンスを取っていたのか理解する上で重要だと思うからだ。

河辺機関に合流した後（そして、G-2と合流する前）、有末は、対外インテリジェンスを担当し、対象国をソ連とアメリカとしていた。第三章で詳しく述べるが、有末は、ウィロビーの下でG-2に協力し、アメリカ側の戦史編纂にも加わった人物である。その彼が、対アメリカ・インテリジェンスを担当していたというのは面白い。つまり、有末はアメリカのスパイに仕立て上げられながら、アメリカをしっかりスパイしていたということだ。ただし、当然、この部分に関しては、河辺や有末たちは、アメリカ側には秘密にしていたと見られる。

河辺・KATO機関

河辺機関とKATO機関については『切腹した参謀たちは生きている』以来、多くの著書がふれているが、これらの先駆的著書のあとに公開されたCIA文書からは、さらに多くの事実とその詳細が明らかになっている。その一端を紹介すると、四九年一〇月二五日付報告書（以下断りがないかぎりこの章で使用するCIA文書はすべて河辺ファイル）は、KATO機関の一機関としての河辺機関を次のように定義している。

「日本の地下政府のインテリジェンス機関（intelligence agency）。特高査察網（a special higher investigation net）と特別治安維持隊（a special peace preservation corps）の実現を目指す活動を行っている」

CIA東京支局長が本部に五一年五月一一日付で送った「日本のインテリジェンス機関」という報告書の定義によればKATO機関は次のようなものになる。

GHQのG-2のためにインテリジェンス活動と調査をする旧日本陸軍の幹部にして日本の地下社会で力を持っている勢力の連合体。

（HA,51,5,11）

引用中に「地下社会」という言葉がでてくるが、前章でも見たようにこれはGHQが行った「民主化」によって地下にもぐったかつてのエリートたちのことを指している。

これも「地下政府」や「宇垣機関」と同じく、一枚岩の組織ではなく、多くの機関の集合名詞にしか過ぎなかった。つまり、大物軍人たちがめいめい勝手に作ったもので、相互に密接に結びついたり、連携したりしていたわけではなかった。

むしろ主導権争いや権力争いをしたり、ときとして衝突したりすることさえあった。だが、すべてを糾合するとかなりの勢力になることは確かだし、それぞれにG‐2が監視しなければならない活動をしていた。

この報告書のほかの部分では、河辺機関、有末機関、田中（隆吉）機関、及川（源七）機関、岩畔（豪雄）機関などの名前がでてくる。これとは別に、G‐2には、日本の再軍備に備えてウィロビーが服部卓四郎に命じて国防軍の編成と国防計画の立案にあたらせた服部機関があった。

CIA服部ファイルを読むと、服部機関もG‐2と共同でインテリジェンス活動を行っていたので、これもKATO機関に含めていいかもしれない。

さらにG‐2には、前にも述べたように、旧日本軍が蓄えた対ソ連、中国の情報をもとにＧ‐２と日本の元将軍たちが合同で研究する特殊インテリジェンス班があった。

ＫＡＴＯ機関の「ＫＡＴＯ」がそれぞれどの機関の頭文字をとったものかについてはいくつかの説があるが、筆者は、前出の河辺、有末、田中、及川、岩畔のほかにＣＩＡ文書に頻出する辰巳や服部らも含めていいと考える。

そもそも、前にあげた定義にあるように「地下勢力の連合体」なので、頭文字のアルファベットに一致する四機関だけとって他を排除する必要はないのだ。

これらの「地下勢力の連合体」は、辰巳が高山のインタヴューに答えて述べているように、ソ連と中国から帰還してきた復員軍人を監視し、共産主義国と通謀して破壊活動をするのを未然に防ぎ、破壊活動が起きたときは直ちに対処することを目的として設けられた。

同時に、それらは復員兵たちから、彼らがいた戦地、とりわけ仮想敵国となったソ連、中国、北朝鮮についての情報を集め、さらに復員兵がその後故郷へ戻って何をしているかについても追跡調査していた。こういった活動は、ＧＨＱがＧ‐２に割り当てた任務だった。

従って、「憂国の元参謀たち」の河辺機関に有末が合流し、次いでＧ‐２と合同し、さらに田中、及川らも加わったのち、ＫＡＴＯ機関、特殊インテリジェンス班とも合同するようになったと見られる。

無論、合同といっても、すべてにおいてではなく、彼らがしたいと思ったところだけ共同で行ったということだ。河辺機関の利害とＧ－２の利害は完全に一致しているわけではない。だから、「憂国の元参謀たち」の側もＧ－２に隠すことはあったし、Ｇ－２の側も手の内をすべて明かしたということではなかったようだ。

合同したあとの河辺・ＫＡＴＯ機関の各部門の役割分担がだいたいどうなっていたか見てみよう。

河辺機関の目的は、引用にもあるように「特高査察網」の構築と「特別治安維持隊」の準備だった。「特高査察網」（原文に漢字でも出てくる）という言葉からもわかるように、河辺たちは戦前の特高警察や憲兵隊のような警察網を志向していた。また、特別治安維持隊も、警察よりは軍隊に近い重装備の治安維持隊をイメージしていた。これは後で重要になってくるので、記憶しておいて欲しい。

有末機関は、前に述べた「日本義勇軍」のほかに、対外インテリジェンスも担当していた。対象国は台湾、インドシナ、朝鮮半島、満州、モンゴル、ソ連と広かった。前述のように、KATO機関と合同する前の河辺機関の一部門としての有末機関の分担は、アメリカとソ連を対象とするインテリジェンスだった。この有末機関については次章でもう一度詳しく取り上げる。

田中機関も中国（台湾と共産化したあとの中国）とモンゴルを対象として対外インテリジェンスを行っていたようだ。これは田中の軍歴を見てもうなずける。彼は関東軍参謀部第二課（情報課）兵要地誌班長（蒙古工作担当）の参謀として満州に赴任し、のちに徳化特務機関長を兼務して、内蒙工作に従事している。

服部機関は、本来ウィロビーのもとで、将来の日本の再軍備に備えて、日本の国防軍の編成や国防計画などを研究し、立案することになっていた。だが、同時にソ連方面のインテリジェンス工作にも当たっていた。

及川、岩畔機関に関しては、具体的活動についての記載は少なく、これまでに公開されたCIAファイルの中の他の文書にもあまり言及されていない。従って、これらの機関はインテリジェンス活動でG‐2と提携することはあったが、河辺、有末、服部のように合同して継続的に活動をしたということではないようだ。

今でも名が比較的よく知られていることからわかるように、KATO機関内の機関の中でも、河辺機関が最大だった。下にさまざまな機関を従えた複合的機関だったからだ。

G-2とKATO機関

KATO機関で特筆すべきことは、G-2と河辺機関が合同しただけでなく、実際にそこにG-2の人間が入っていたということだ。関係文書からはウィロビーの部下でCIC幹部のルーファス・ブラットンやエリック・スヴェンソンが入っていたことが確認される。CICは治安維持とカウンター・インテリジェンスを担当するG-2の下部組織だ。

ウィロビーが、このように「宇垣機関」傘下のインテリジェンス機関をG-2に取り込んでいったのは自然の成り行きだったと言えるだろう。G-2の役割は戦時においては、インテリジェンスとカウンター・インテリジェンスだ。前者は、敵と戦うための情報を集めることで、後者は敵が自分たちについて情報を集めるのを阻止することだ。

占領期にはこれに破壊分子についての情報を集め、破壊分子に情報が漏れることを防止することが加わる。だから、治安維持を担当するCICを下に従えているのだ。

当時の日本では、破壊分子とは旧軍閥と結びついた右翼とソ連の支援を受けた日本国内の共産主義者と過激化した労働組合のことだった。

GS（民政局、日本を「民主化」するための多分に社会主義的改革を推進した）がもっぱら右翼を抑えようとしたのに対し、G‐2は左翼を抑えることを自らの主たる任務と考えた。ハワード・ションバーガーは『占領1945～1952』で、もともと日本人の超国家主義者を監視すべきG‐2トップのウィロビーが、左翼狩りにばかり精を出したと述べている。それも、日本人の左翼というより、GHQ内のニューディーラー（ニューディールを支持する社会主義的イデオロギーを持つ人々）をつけ狙ったとも皮肉っている。

ウィロビーにとって、河辺機関（KATO機関と合同前の）が役に立ったことはいうまでもない。ある意味では、自分の仕事の下請けを河辺にやらせたともいえる。

このような河辺を「GHQに尻尾を振った」と一概に非難することはできない。日本側にもメリットがあったからだ。

治安維持のためのチェックと監視にトラブルはつきものだが、旧日本兵に対してアメリカ兵がするよりも、かつて高位にいた日本軍の将軍たちがしたほうが、復員兵もいうことをきくだろうし、トラブルも少なくてすむ。

それに、河辺たちにしてみれば、アメリカ側と復員兵のあいだに入ることで、あらゆる情報が直接アメリカ側に流れるということを防げる。自分たちにとって都合の悪い、あるいは渡したくない情報は、留保できる。

このへんのことは、GHQも承知していた。それでも、彼らが河辺機関を抱え込もうとしたのは、そうすることが彼らの監視にもなるからだ。それに彼らのやることを見ていれば、自分たちがこれからどうやってソ連や中国や朝鮮半島などに浸透していけばいいのか、いろいろと参考になる。

河辺たちをG-2の下請けとして使うことは、G-2の側にとっても、一石二鳥どころか三鳥にも四鳥にもなっていたのだ。

とはいえ、この河辺機関の活動は、表の政府からみて合法ではない。政府からすれば、この機関は地下警察・軍事組織で、その活動は人権侵害にあたる部分もある。だが、ときの総理大臣吉田さえこれを黙認せざるをえなかった。

ウィロビーは、片山哲など左派勢力を支持するGSのホイットニーに対抗して、吉田など保守勢力を支援していた。そのウィロビーが作らせた組織であるうえ、共産主義者の抑圧というその目的には吉田としても賛成だからだ。吉田は、主として共産革命を防止することを念頭に破壊活動防止法案を作り、アメリカ本国のレッドパージで成果をあげた非米活動委員会の日本版を作ろうとしたくらいだ。

TAKEMATSU工作

さて、KATO機関のなかの河辺機関は具体的にどんな工作をしていたのか。この機関の工作はTAKEMATSUという暗号名で呼ばれていたが、四九年五月二〇日の文書（有末ファイル）はこれを次のように定義している。

TAKEMATSUはPOPOVが設立した秘密インテリジェンス工作チームの暗号名だ。この工作は日本国内（MATSU）から情報を得るものと、国外（TAKE）から情報を得るものとに分けられている。TAKEMATSUチームは日本人で編成し、日本人によって運営される。POPOVは高度の政治的レヴェルにおいてだけ関係を持つ。資金はすべてPOPOVが与える。

POPOVは前述の通り、G-2の特殊インテリジェンス班（もしくはその上部組

織）である。このTAKEMATSU工作の中心的スタッフは同報告書（有末ファイル）では次のようになっていた。

日本側	アメリカ側
河辺	ウィロビー
有末	（ラッセル・）ダフ（MATSU監督）
辰巳	（アーサー・）レイシー（TAKE監督）
横井	（ルーファス・）ブラットン（顧問）
	（エリック・）スヴェンソン（顧問）

さらにMATSU工作では日本を次の八つの地区に分け、それぞれ責任者をつけ、かれらに工作員をリクルートさせた、とある。担当者と担当地域は、「東京・辰巳栄一」「札幌・萩三郎」「青森・佐々木勘之丞」「群馬・磯田三郎」「大阪・木村松次郎」「徳島・上田昌雄」「山口・徳永鹿之助」「福岡・安倍邦夫」となっていた（同報告書から）。

実は、これは有末の記述にある河辺機関の地区割りとも、辰巳が高山に語った地区割りとも一致せず、かつ地区の支部長の名前も一致しない。

　時期によって変化したとも考えられるが、もともと河辺機関は日本側とG‐2側で組織が違うものだった可能性もある。つまり、日本側の組織とG‐2側の組織が二重に存在していたとも考えられるのだ。河辺たちはできるだけ多くの昔の部下を工作員として雇いたかったので、二重組織のほうがよかっただろう。

　ところが、やってみた結果、八地区に出先機関を維持することはG‐2の予算では出来ないことがわかってきた。そこで、河辺はこれらの支部を統合し、本州と北海道と九州の三区分にすることにした。

　河辺はこの工作のために巨額の予算をGHQに要求した。つまり、G‐2の命令に従ってやったのではなく、請け負って、報酬をもらって役務を行ったということだ。報告書によれば、北海道の場合、一九四八年の六カ月間の予算として、以下の額を河辺が請求したことがわかる。

基礎的人件費	一一二万円
エージェント一〇人×月三万円	三〇万円

小計　　四〇〇万円
予備費　五四二万円
合計　五九六万二千円

五四二万二千円 →

(AR, 49, 5, 10)

密輸事業への投資

「密輸事業への投資」(密輸船の購入)に全体の請求額の大半の四〇〇万円も請求しているのには思わず笑ってしまう。G-2傘下のCICは、本来ならば日本の官憲と共に密輸を取り締まる立場だが、ここでは大金を払って日本人工作員にこの違法行為をさせている。

漁船などの船舶を使って密輸を装って、あるいは実際にそれを行って、ソ連や中国の沿岸警備の様子を調べさせ、できる場合は写真を撮らせたのだ。

服部卓四郎ファイルにもこの記述は出てきており、総合すると、服部の部下がこの密輸船に乗って樺太や千島方面に行っていることがわかる。つまり、河辺機関と服部機関が合同で情報収集を行っていたのだ。

河辺は資金を出させるだけでなく、次のような条件も付けていた。

a．TAKE工作員が、占領軍と日本政府当局に拘束されることがないよう、特別な信任状を与える。

b．TAKE工作の日本人指導者にはインテリジェンスのターゲットとするエリアを明確にする。

c．TAKE工作員には占領軍が持っているターゲット・エリアの地図を与える。

d．TAKE部隊に十分なオフィススペースがない場合は、CICがすでに使っている建物のスペースを与える。

e．緊急の場合や、特別なセキュリティが必要とされる場合はアメリカ軍のクーリエ便を使わせる。

f．一九四九年一月までにオールウェーヴのRCA製ラジオを四台用意する。

g．旧日本軍が使ったターゲット・エリアの地図をすぐに用意する。

h．一九四八年一二月までにカメラ五台とフィルムを用意する。

i．見えなくなるインク（invisible ink）を四、五瓶すぐに用意する。

これらは、かなり虫のいい条件で、特にaなどは国外情報を手に入れるためとはいえ、TAKE工作員に一種の治外法権を認めよといっているに等しい。

(AR, 49, 5, 10)

「軍閥」はCIAをだましたか

さらに、G-2からみて、河辺たちの予算の使い方にも問題があった。

彼らは実際に働いた工作員に、前掲の報告書に挙げたような額の報酬は与えていなかったのだ。ある報告書などは、工作員は報酬をほとんど受け取っておらず、経費も自前だったと伝えている。

河辺たちがGHQから受け取った「予算」は、そのまま彼らの河辺機関の資金としてプールされた。河辺機関は、そこからさまざまな工作資金や構成員の面倒をみるための費用を支出した。

工作員に報酬や経費が支払われる場合は、「河辺機関」の工作の対価として渡された。

つまり、河辺はあくまでも自らの機関のためにインテリジェンスと治安維持を行いながら、それをG‐2のためにしたとして予算をもらっていたのだ。

G‐2にとってはもっと大きな問題もあった。朝鮮戦争が勃発してわかったことは、このようにして河辺たちはGHQから予算をもらい、いろいろ便宜供与を受けていながら、持っている情報をすべて与えていたわけではなかったことだ。

ティム・ワイナー著『CIA秘録』によれば、当時CIA長官だったベデル・スミスは国家安全保障委員長にこのように報告したという。「朝鮮戦争中、CIAはほとんどの場合、戦局を変えうる情報を取得することに失敗していた」。

ワイナーはそれを河辺や有末に騙されたせいだと考えているようだ。CIAが河辺や有末のことを暴露し始めたときも、彼らがまったく無能で、信用できず、役に立たない情報を与えては、金ばかり取ったという趣旨のことを言っている。

前述の密輸船による工作をアメリカ側はそのようなケースとして見たかもしれない。五二年一月二二日の報告書（服部ファイル）によれば、河辺と服部が四〇〇万円もの大金で買った船を、樺太、千島方面に送りだしたものの、その後消息不明になったと出てくる。

河辺はGHQとの長い交渉の末、行方不明になった工作員たちの家族に弔慰金を支払わせている（「日本義勇軍」の場合も戦死すると弔慰金がでた）。G‐2側からすれば、これもまったく役に立たないのに金ばかりとった例になるのだろう。

しかし、河辺たちはG‐2に情報を与えなかったわけではない。全部は渡さなかっただけだ。これは、河辺たちにしてみれば当然だった。彼らが集めた情報は日本の国防に役立てるために集めたものなので、G‐2など「外国」のインテリジェンス機関に明かすことができないものもある。占領が終わってアメリカ軍が引き揚げれば、日本は独立国になるのだ。

河辺機関は、彼らの意識としては、G‐2の下部機関でもなければお抱えの機関でもなく、いわば独立エージェンシーだった。

そう考えれば、河辺機関がKATO機関として行うTAKE工作と独立エージェンシーである河辺機関として行う対外工作が必ずしも一致していなかったことも説明がつく。事実、河辺機関はKATO機関のTAKE工作以外にも多くの対外工作を手がけていたのだ。

「日本義勇軍」に参加した旧軍人のなかにも、根本たちのように独自の計画を立て、自前の資金で台湾にいき、密貿易をしたものもいた。同じように、「地下政府」傘下の機関のなかには、台湾だけでなく、朝鮮半島、満州、インドシナへ行き、独自にインテリジェンス工作・密貿易をするものもあった。

そして、河辺機関（独立エージェンシーとしての）は、G‐2には隠して、これらの機関と連携することがあった。

もちろん、筆者が読んでいるような報告書が残っているのだから、G‐2は河辺機関が面従腹背なことを承知していた。そして、彼らに与えた資金がこういった工作に流用されていることも知っていた。だが、黙認していた。

彼らが工作対象としている国がG‐2も工作員を送りたい国だったからだ。だから、G‐2は彼らの邪魔をするのではなく、やらせておいて、どのようにするのか観察した。実際に、彼らが手に入れる情報のなにがしかは、KATO機関に関係している日本人を通じて、G‐2にも流れていた。

将に将たらんとしたマッカーサー

アメリカ側による河辺・有末評を読んだ日本人の中には、彼らが本当にインテリジェンス能力に欠け、ガセネタしか摑めず、しかも嘘つきで、信用できない人間だったという評価を鵜呑みにしていた人々がいたようだ。

しかし、それはいささか一面的な見方だろう。問題は正しい情報が与えられたかどうかということより、G‐2がそれを正しい判断に結び付けることができたかどうかなのだ。

対共産主義圏インテリジェンスに携わってまだ日が浅いウィロビーたちは、情報は持っていても、河辺たちのように何十年も携わってきたわけではないので分析・評価はできなかった。つまり、それらの情報が何を意味するのか、どのような結論になるのか判断するのに困難があった。

しかしながら、マッカーサーが北朝鮮の「奇襲」を許してしまった原因は、ウィロビーたちが河辺機関からの情報を正しく分析・評価できなかったことにあったのではないだろう。彼らは北朝鮮軍が戦争準備を始めていることをかなり前から知っていたし、実際侵攻することもあり得ると判断していた。

また、中国が参戦したときも、彼らは三〇万人もの中国「義勇軍」が鴨緑江の対岸にひしめいているのを知っていたし、それが単なる威嚇のためではないだろうとも思っていた。

にもかかわらず、マッカーサーは「中国は参戦の意図を持っていない」とワシントンに言い続けた。それは参謀たちが、情報を正しく評価・分析できなかったからではなく、最高指揮官自身がそう思いたかったからだろう。デイヴィッド・ハルバースタムの『ザ・コールデスト・ウインター　朝鮮戦争』を読んでわかることは、そもそもマッカーサーは、北朝鮮軍を鴨緑江に追い落とし、朝鮮半島を統一するという栄光の達成に不都合な情報には耳を傾けようとしなかったということだ。

中国が朝鮮戦争に介入し、戦争が拡大する可能性があるという情報は、ワシントンがマッカーサーから現地司令官としての自由裁量を奪う理由になり得た。将に将たらんと欲していた（アメリカ軍全体の総司令官、つまり大統領を目指していた）彼は、将としての判断を失っていたのだ。

ションバーガーは七四年に「マッカーサーと一九四八年大統領選挙」という論文を『ウィスコンシン・ヒストリー・マガジン』に発表している。このなかで彼はマッカーサーが、日本で占領に当たりながら、四八年の大統領選挙で大統領の椅子への野心を燃やしていたことを明らかにしている。トルーマン大統領がなにかとマッカーサーに遠慮したのは、彼が有力大統領候補だったからでもあった。

「宇垣機関」と再軍備

河辺機関とG‐2が共同で大きな成果を上げた分野もあった。それは再軍備だ。とりわけこの場合は、警察予備隊の創設だった。

CIA文書の記述にあるように、河辺機関は「特別治安維持隊」を実現しようと努力していた。もちろんそれが最終目標ではなく、その後は国防軍の創設を考えていた。これは河辺機関だけでなく「宇垣機関」傘下のほとんどの機関が目指していたことだ。

しかしながら、吉田は再軍備に反対で、いっこうに重い腰を上げようとしなかった。従来、その理由としては「第九条の戦争放棄の規定を含む憲法をアメリカから押し付けられて四七年五月三日に施行してまだ間がないのに、今度は再軍備せよとは理屈に合わないと思った」とか、「再軍備すれば日本の国防軍がアメリカの戦争に駆り出され、消耗品のように使われると思った」といった説が述べられてきた。

これらはもっともな理由なので、その通りだろう。

しかし、これまで見てきたような河辺機関の活発な活動、その背後にある「地下政府」傘下の機関と「軍閥」の潜在的力、それに対するG‐2の姿勢をみると、もう一つ理由を付け加えてもいいのではないか。

つまり、吉田は再軍備においてイニシアティヴを「地下政府」と「軍閥」の側に握られていた。そのままの形で再軍備を進め、「地下政府」と「軍閥」に主導権を取られることになるのを恐れたということだ。

「地下政府」は「シャドウ・キャビネット」でもあった。彼らはそう言ってもオーバーではない勢力を誇り、実力を示していた。いくつかの機関に関していえば、ウィロビーの後ろ盾も得ていた。

吉田としては、再軍備で主体性を発揮できない状況が改善されるまでは、再軍備を先送りするしかない。一方、ＧＨＱは「逆コース」が成って以降、常に日本に再軍備を求めていた。

四九年八月二九日ソ連は核実験に成功し、念願の原子爆弾を手に入れている。同年一〇月一日に毛沢東が蔣介石を台湾に放逐し、中華人民共和国成立を宣言するなどアジア情勢は緊迫していた。アジアでアメリカが一国だけで共産主義勢力に対処していくのはもう限界だと考えるようになっていった。

それでなくとも、一〇万人前後のアメリカ軍が占領のために日本に釘づけになっている。ここは日本に再軍備させ、日本にいるアメリカ駐留軍をアジアの他の国に展開できるようにし、かつ日本の国防軍をアメリカの援軍として前線に送ることができるような体制にする必要がある。

これはウィロビーというよりも、ジョン・フォスター・ダレスなど、アメリカ政府中枢の方針だった。だが、吉田はなにかとウィロビーの庇護を受けながらも、再軍備だけはかたくななまでに拒んだ。そして、「地下政府」と「軍閥」が飽くことなく押し付けてくる国防軍案もはねつけた。

河辺機関と再軍備

しかし、河辺たちの最大の目的は、再軍備の推進である。吉田が計画もせず、準備にも入らないのならば、自分たちが先行して推進しようと彼らは考えた。TAKEMATSU工作で実践し、実績を積むことで、「特別治安維持隊」構想に実質を持たせ、吉田に再軍備の圧力をかけようというのだ。

四九年一一月一〇日の報告書によれば、河辺機関は同年に旧陸軍関係者のOB組織「桜会」（戦前にも同名の会があったがこれは戦後の「地下政府」のもの）を設立して結束を固めたあと、警察への浸透をはかっていた。そして、かなりの影響力をふるうようになっていたという。

五〇年二月七日付報告書は、河辺機関が「毒ガス隊、機関銃隊、戦車隊」からなる近代的部隊を計画していると述べている。そのトップは当然河辺だった。

注目すべきは、これは朝鮮戦争勃発の四カ月以上も前であり、かつ警察予備隊が創設されるより六カ月前だったということだ。このような動きは吉田から要請されたものでも、承認されたものでもなかった。やはり吉田に重い腰を上げさせるための圧力の一つだったと見るべきだろう。

これらの事実は従来の日本の再軍備の見かたを変えるものだ。これまで、警察予備隊、保安隊、自衛隊への再軍備の動きは、朝鮮戦争勃発後、GHQやジョン・フォスター・ダレスなどアメリカ側が吉田に迫ることによって起こったと説明されていた。

実際には、GHQやダレスだけでなく、河辺機関その他の「地下政府」傘下の機関も、朝鮮半島に動乱がおこるかなり前から吉田に再軍備の圧力をかけていた。

吉田が警察予備隊を作らざるを得なくなった契機が、朝鮮戦争の勃発だったことは認めなければならないが、それからわずか二カ月ほどで警察予備隊を設置できた下地には河辺機関の働きもあったと考えるべきだろう。何らかのもとになるプランがなければ簡単に作れる組織ではないからだ。

警察予備隊は治安維持隊で、河辺機関が考えていたものに近く、服部機関が編成や組織について研究していた国防軍とは異なる。警察予備隊の素早い設置は、河辺とウィロビーの功績であり、彼らが工作によってあげた勝利だろう。だが、河辺はこの組織のトップにはなれなかった。

河辺機関の最期

吉田は文民統制という名のもとに、香川県知事だった増原恵吉を本部長官にした。この人事で警察予備隊創設においてかろうじて主体性を発揮したと言える。

このとき、肝心のウィロビーすら、河辺を幕僚長にしようと動かなかった。彼の関心は服部を国防軍の幕僚長にすることに集まっていたからだと思われる。

そこで、河辺は辰巳と共に作った再軍備案を五一年三月に吉田に突きつけた。ウィロビーの手前、吉田はこれを全面的に受け入れざるをえなかった（KA, 51, 3, 14）。このときが戦後における河辺の絶頂期だったのだろう。

それから一カ月後、そのウィロビーはマッカーサーがトルーマンに解任されると、彼と共に日本を去った。後ろ盾を失った河辺は、後任のリッジウェーやその部下に冷たくあしらわれた。

途端に吉田は河辺を外しにかかった。

旧陸軍の軍人を警察予備隊の幹部にするためには公職追放を解除する必要があったが、河辺は国防軍の編成にとって重要な意味を持つ職業軍人追放解除審査委員会（原文ではScreening committee in charge of de-purging regular officersで吉田が作らせたもの）のメンバーに入れなかった。委員には上月良夫、下村定、飯村穣、辰巳栄一、宮崎周一、山本茂一郎が選ばれた（KA, 52, 3, 21）。

この段階で河辺は警察予備隊だけでなく、そのあとに続く保安隊の編成にも影響力を持てなくなったと思っていいだろう。日本の再軍備は、彼抜きで進めることになった。五三年一月一六日のＣＩＡ報告書は次のように「河辺インテリジェンス機関の解体」について記述している。

――極東司令部（ＧＨＱ廃止後引き継いだ）のＧ‐２は河辺虎四郎に対し、一九五二年一二月初旬、彼のインテリジェンス機関の支出に充てる次の会計年度の予算が取れなかったと告げた。このため、大幅な組織の人員削減と活動範囲の縮小が必要となるだろう。河辺はこの一方的な決定に怒り、G‐2の縮小案を呑むのではなく、解散を決定した。

最終的に解体されることを予測していたので、G‐2の決定の前に、河辺は保安隊に一五人の部下を入隊させていた。一二月中旬の現在、彼は残りの部下を設立が提案されている政府のインテリジェンス機関に入れようと努力している。

こうして、アメリカ側の記録上は、河辺機関は五二年末に「解体」された。おそらく、この判断は次のような一九五二年五月二日付報告書（辻ファイル）の結論を踏まえて行われたのだろう。

ＧＨＱのＧＳは、旧軍人たちの動きを重大な関心をもって監視してきた。そして次のような結論に至った。

1. 現在のところ軍国主義が復活する危険性はない。
2. 軍国主義者が軍人として以前の力を取り戻したとしても、日本政府をコントロールする危険性はない。
3. 辻政信のグループには心理的に反アメリカ主義が認められる。

河辺の残りの部下たちは、五二年一一月に緒方竹虎《たけとら》（当時官房長官）が「新情報機関」構想を打ち出したあと、五三年に拡大強化された内閣総理大臣官房調査室（五二年四月設置）に入ることができた（詳しくは拙著『ＣＩＡと戦後日本』参照）。

河辺がこれ以降どのような活動をし、これらの部下とどのような関係にあったのかは残っている文書からもわからない。

少なくとも、保安隊から自衛隊への再編のときも、彼は表立った形では関わっていない。河辺は河辺機関が解体された八年後の六〇年この世を去った。

強力なインテリジェンス機関を欠いた自衛隊とそのような国防力しか持たない日本の行く末を案じていたことだろう。

第三章　マッカーサーの「義勇軍」を率いた男――有末精三ファイル

有末とウィロビー

有末精三は日本側ではきわめて評判が悪い。彼は終戦後に第一復員省とGHQとの連絡・調整にあたったが、日本人のほうには感謝されていなかった。アメリカ側、特にウィロビーと親密になり過ぎたからだ。その証拠に、とくに外務省関係者からの圧力で、有末機関（この場合は終戦後復員関連業務をしたもので、あとでてくるものとはまったく違う）は四六年に廃止され、その業務は新しい機関に引き継がれた。

ウィロビーによる有末への寵愛ぶりは度を越していたようだ。有末の手記『有末機関長の手記』によれば、ほかの旧軍人や官僚たちが列を作って待っているのに、ウィロビーは有末の姿を見ると、順番を無視して部屋に引き入れたという。会議や相談にしても、ウィロビーはまず有末の話を聞き、ほかの人間の話すことにはあまり耳を貸さなかった

有末精三（1895～1992）

北海道出身。1917年陸軍士官学校卒業、20年シベリア出征、24年陸軍大学校卒業、36年イタリア大使館付武官、42年参謀本部付、８月参本第二部長、45年３月陸軍中将、８月対連合軍陸軍連絡委員長（有末機関長）。ウィロビーの信望を得て、彼との交渉の窓口となる。

といわれる。なぜこれほどウィロビーが有末を気に入ったのか。理由の一つは、有末がイタリア語の達人で、ベニート・ムッソリーニを直接知っていたからだ。ウィロビーは英語のほかにドイツ語とスペイン語とフランス語を話した。スペイン語とイタリア語は、他の言語と較べれば近い。そして、ウィロビーは熱狂的なファシスト崇拝者だった。特にスペインのフランコ将軍を崇拝していたが、ムッソリーニにも憧れていた。

さらにウィロビーはエリート軍人、とくにインテリジェンス部門のエキスパートが好きだった。Ｇ‐２トップとしては当然かもしれない。ともあれ有末はウィロビーに好かれる要素をいくつも持っていた。

しかし、このように語学に堪能で、ムッソリーニとも付き合いのあるインテリジェンス部門のエリート軍人は、軍人と外務官僚に嫉《ねた》まれやすいといえる。

また、前述の手記を読む限り、どうも有末はかなり自信家で、ドライで、遠慮しないタイプの性格だったようだ。次の場面の描写はよくそのことを表している。有末を復員省から外そうとする動きがあり、その人事について彼は上司と共にウィロビーに面会して報告に上がった。

ウ（イロビー）少将は、二世の通訳を従えて着席して開口一番、

「有末中将の問題について、上月（良夫）中将（第一復員省次官）の位置につけては？」

誰も返事がないので、わたし（有末）から、

「海外からの引揚げの隊長は、大将でなくとも最も故参《ママ》の将軍で、その受入れにはわたし如き新参者は不適です」

と答弁を買って出た。

ウ少将はすかさず、

「それでは吉積（正雄）中将（第一復員省総務局長）の位置につけては？」

とたたみかけた。もとより誰れも返事をするものがないので、再びわたしが矢面

に立った。

「吉積中将の地位は上月次官の直接補佐であり、軍政方面の中枢として従来軍務局長から引き続き復員業務、つまり復員省の主要任務の事務的処理一切を取り仕切っておられるので、到底わたしはその仕事には自信が持てません」

有末と一緒に来たのは、少なくとも復員省では、上司にあたる元軍人たちだ。それなのに、彼らが答える前に、本来答える立場にない有末が、答えてしまっている。確かに、すぐには返答できないだろうが、彼らも元将軍なので、少し時間を与えれば答えるだろう。その機会を横取りするかのように、有末が即答している。これは、自分を嫉んではずそうとしている上司たちに対する、彼一流の仕返しなのだろう。

第一復員省から河辺機関へ

このあと、ウィロビーと有末はのちのち大きな意味を持つ会話を交わす。

ウ少将は、わたしを衝立ての蔭に呼び出して、率直に、

「君は幾許の月給をもらっているか?」

「そんなことはご心配ご無用に」

「何か不自由なものはないか?　何でも申し出てくれ」

等々、米国人らしい率直な好意を示してくれた。そして最後に、

「明日からは米軍の顧問として働いてくれ。またよく復員省を援助してやってくれたまえ」

と言葉少なに言い残して、元の席に立ちもどった。

「この案には賛成であるが、これから旧日本陸軍に対する最高政策(ハイポリシイ)については、ジェネラル有末オンリイと話す」

と明快に決裁された。


つまり、有末を第一復員省から外すことには賛成するが、これから旧日本陸軍についてウィロビーと話すときは、必ず有末を通せということだ。大変な引き立てようだ。

筆者が、まさか本当にそうはしなかっただろうと思いながら、CIA文書にあたってみると、五一年ころの報告書から、ウィロビーは実際に有末を旧軍人からの要請を受け

る窓口にしていたことがわかった。旧軍人どころか、吉田首相ですら再軍備に関して有末に相談しなければならなかったほどだ（AR, 51, 3, 7）。日本人がウィロビーと接点を持つ場合にいつも窓口になるというのは、極めて大きな権力を有末は握ったことになる。彼はこの権力を四六年に復員省を辞めてからしばらくのあいだ保持している。

だからこそ、前の章で見たように、四八年に河辺にウィロビーが合同の話を持ちかけたときも、有末があいだに入っているのだ。というより、ウィロビーが最初に合同を持ちかけたのは河辺機関と合同する前の有末機関にであった。

しかし、河辺機関が河辺、芳仲、辰巳など大物を揃え、他機関にも影響力があるのに、有末は旧日本軍の関係者に嫌われ、彼らからの協力を得られなかった。そのため有末は河辺機関のほうがウィロビーの期待に応えられると思い、仲介したのだろう。もともと、有末機関は四七年に河辺機関にすでに合同してしまっていた。

いわゆるKATO機関がG－2と共同でTAKEMATSU工作をすることになったときも、これを旧軍人に仲介したのは有末だった可能性が高い。そして、このように彼がウィロビーとのあいだにもつ強力なコネが、いろいろ嫌われながらも、有末が「河辺機関」と「地下政府」傘下の機関に強い影響力を持った理由だった。

能弁であけすけな有末は、手記のなかで、復員省を辞める前のことを実によく語っている。ところが、そのあとのことに関しては、GHQの歴史課に勤務したこと以外は、まったく口をつぐんでいる。

しかし、CIA文書を読むと、四六年に第一復員省を辞めたあと、有末が関わったのはGHQの歴史課だけではなかった。彼は河辺や辰巳と共に、ウィロビーがG-2に設けた特殊インテリジェンス班のメンバーになっていた。

ウィロビーの目当ては、有末がもともと持っていた旧日本陸軍幹部とのコネクションと対ソ連、対中国共産軍のインテリジェンスと第一復員省のときに蓄えた復員兵（とくにソ連、中国、朝鮮半島からの）に関する情報だった。

そして、このころから第一復員省時代とは別の有末機関を作った。特殊インテリジェンス班関連の情報収集とそのために使う日本人工作員のリクルートを行う機関である。単独でそのようなことはできないため、有末は河辺機関に秋波を送り、資金を提供した。この結果、河辺は、芳仲や辰巳の反対にもかかわらず、有末を河辺機関に引き入れた。

そのあと、四八年、河辺はウィロビーの要請で、河辺機関を中核とするKATO機関を作り、G-2と合同でTAKEMATSU工作を行う。

壮大なスケールの有末工作

さて、河辺機関と合同後（ＫＡＴＯ機関に合同する前）の有末機関の活動内容を四九年一〇月二五日の報告書（以下特に断りがない限りこの章で使用するＣＩＡ文書は有末ファイルから）は次のように記している。

有末機関（ＮＹＫビル）の活動

1. アメリカに関する情報を集める。
2. ソ連に関する情報を集める。
3. 宇垣一成を復活させる。
4. 治安維持隊（a constabulary）を創設する。

有末機関の工作地域と構成については次のように明らかにしている。

主たる工作地域、中国、北朝鮮、蒙古、ソ連。

A. 調査部門。曾野明。外務省調査部第三課の課長。

B. 実行部門。責任者。前陸軍大佐　鈴木。

C. 実働部隊。前陸軍中将鎌田銓一、陸軍少将渡邊渡。

ただし、他の文書からもわかるように、河辺機関はもとより、その中にある有末機関も一枚岩の組織ではなく、宇垣傘下だが独立の機関の連合体だったことを断っておく。有末の命令一つで彼の思うように一糸乱れずこれらの機関が動いたということではない。

それに、ウィロビーの寵児有末は、旧陸軍得意の下克上をやっていた。つまり、河辺機関と合同し、これがG-2と合同してKATO機関となると、有末は河辺をさしおいて、河辺・KATO機関全体を牛耳り始めた。そして、豊かな資金力と規模の大きさを生かして、他の機関もその傘下に入れ始めた。

そのうえで、「地下政府」のインテリジェンス機関として、左の表のように、四八年ころから「日本義勇軍」派遣を皮切りに、朝鮮半島、インドシナ、満州に数千人の工作員を送る秘密工作を実行に移した。

地域	指揮官	現有人員	推定兵力	方法
台湾	根本	3000＋パイロット	3000＋パイロット	中国国民党が資金を出しアレンジする
インドシナ		2500	2500	辻政信と松本俊一が担当してヴェトナムのヴェトミンに密航させる
朝鮮	加藤	2000	4000	渡邊渡が担当して密航させる
満州	本間	4000	2000	辻と工作員が送り込む渡邊が中国北部と韓国に持つ密航ルートを使うかも知れない

(AR, 50, 8, 7)

特に「日本義勇軍」が飛行機のパイロットまで送っていたことには驚く。他にも船の船長や通信員などもいた。小規模ながら陸海空すべてそろった軍隊だったのだ。

また、この表によると、「日本義勇軍」はKATO機関のTAKE工作の中心ではあるが、その一部に過ぎなかったことがわかる。この「日本義勇軍」の台湾への「派兵」を足がかりに、広くインドシナ、朝鮮、満州、ソ連（サハリン）へもインテリジェンス工作を行っていたのだ。

「日本義勇軍」はマッカーサーが計画した

ところで、なぜ有末が「日本義勇軍」のトップになることになったのだろうか。

CIA文書とは別に筆者がアメリカ国立第二公文書館から発掘したCIS（民間諜報局）の「インテリジェンス・レポート」（SCAP文書所蔵）は、有末が「日本義勇軍」を率いることになった経緯をつまびらかにしている。

しかも、この文書と他のCIA文書を付き合わせるならば、さらに驚天動地の新事実が明らかになる。その事実とは、「日本義勇軍」は、マッカーサーと中国国民党の密約によって生まれたというものだ。

同レポートによれば、終戦時支那派遣軍総司令官だった岡村寧次は、中国国民党政府の要請を受けて中国大陸にいる日本軍の武装解除に協力していた。それが終わると四八年、戦争犯罪容疑者として収監され、戦争犯罪者裁判にかけられていた。ところが、四九年の一月二六日、中国国民党により突如無罪放免となり、同年二月四日に送還され帰国している。この突然の送還を中国国民党と敵対する中国共産党は次のようにラジオで伝え、プロパガンダに使ったという。

「岡村は中国派遣軍全体の総司令官として無数の戦争犯罪に加担している。その岡村を中国国民党がマッカーサーに引き渡したのは、中国人民に対する犯罪行為だ。しかも、マッカーサーは、その岡村に指揮を取らせて、アメリカ軍の飛行機で台湾から旧日本軍将兵を中国大陸に空輸し、現地に残留する日本兵（およそ五万人いたとされる）と合流させ、中国共産党軍と戦わせようとしている」

プロパガンダには歪曲や誇張がつきものだが、この場合は中国国民党から中国共産党に情報が漏洩していたと見えて、事実そのものが暴露されている。

これについては従来、岡村は中国国民党から無罪判決を下されたのち日本に帰還したとされてきた。しかし、このレポートは、マッカーサーの要請で岡村を日本に送るために、中国国民党が岡村を超法規的に放免したのだとしている。岡村の中国国民党側への受けはよかったので、いずれにせよ無罪判決がでていただろうが、実際にはマッカーサーの要請で、審理そのものを打ち切って岡村を放免したということだ。

岡村がやや超法規的にGHQに引き渡されたのだということは、「インテリジェンス・レポート」の中で、GHQ法務局長のアルヴァ・カーペンターが日本にいる海外（つまり、占領軍側）レポーターに「中国で戦争犯罪裁判にかかっている（岡村）容疑者をGHQ（つまりアメリカ側）に引き渡す法的根拠はなにか」と突っ込まれたとき、次のように答えていることからもわかる。

「法的根拠はなにもない。マッカーサーが決めたことだ。今は平時ではないから異常なこともあるのだ」

つまり、超法規的要求をしたのはマッカーサーだったということだ。マッカーサーが岡村を欲しがったのはなんのためかというと、プロパガンダが暴露したように、中国共産党に対する反攻の狼煙《のろし》をあげるためだ。

岡村から有末に引き継がれた経緯

やはり同レポートによると、岡村が二月四日に東京に到着し、病院に収容されるやいなや（重度の結核だった）、マッカーサーがH・L・カイン大佐を遣わし、共産主義と戦う彼の意志を確認したうえで「誰とも会わないように、誰にも〈計画〉のことを話さないように」と念を押させている。

彼はなおも「そのうちマッカーサーと会見することになるが、その時がきたら連絡するからそれまで静養に努めるように」と言って病室を去っている。だが、その後のマッカーサーと岡村との会見についての報告書は、当然ながらレポートからはでてこない。

このレポートは、有末が岡村の送還をいち早く知って誰よりも早く会いに来たが、岡村はその有末にも〈計画〉のことは話さなかったと述べている。だが、のちに有末が「日本義勇軍」を統括することになることを考えると、話さなかったのはカインらに監視されていたこのときだけで、その後話したことは明らかだ。

岡村の結核治療のために、マッカーサーは当時希少で高価だったストレプトマイシンを特別に投与させて早期治癒を期した。だが、台湾と中国大陸をめぐる情勢は逼迫していて彼の体力の回復を待ってはいられなかった。そこで、「日本義勇軍」を引き継ぐことになったのが有末だった。おそらくウィロビーの取り計らいだろう。

もちろん、現地指揮は有末ではなく、岡村に代わって富田が執ることになった。これが富田の中国名にちなんで「白団」と呼ばれることになったことは第一章でも述べた。これと関連して重要な文書は、四九年一〇月三一日付CIA報告書（辻ファイル）だ。この文書にはこのように記されている。

四九年四月二〇日、杭州にある中国国民党の最高諮問会議が日本人パイロットを台湾に送ることを決めた。そして、この決定が四月二三日、上海から東京の中国国民党代表部に伝えられた。この工作に岡村寧次元大将と辻と児玉が使われることになった。

日本人パイロットを台湾に送ろうとしたのは、彼らに輸送機を操縦させて中国本土に「日本義勇軍」などを送り込むためだと考えていいだろう。

岡村に先立って、辻も児玉も自由の身となっている。辻は四八年の春に中国国民党の国防部から「放免」され、児玉も同年一二月二四日に巣鴨プリズンから釈放された。いずれもマッカーサーが考え、中国国民党が合意した「日本義勇軍」を実行に移すためだったとみられる。

「日本義勇軍」と密輸事件

最終的に、「日本義勇軍」は有末機関が担当することになったので、CIA報告書にも四九年になって、有末機関の傘下に児玉機関や里見機関が入ってきたと記している(AR, 50, 11, 13)。

「日本義勇軍」始動のために日本に送り込まれた辻は、もともと戦前の中国で児玉や里見甫《はじめ》と関係があったので、これは自然なことだろう。ちなみに児玉は、辻が日本で潜伏していたとき自宅にかくまっていた(TSU, 51, 1, 26)。

実際、児玉が活発に「募兵活動」を行っているという報告が同年の九月にはCICにあがってくる(児玉ファイル、49, 9, 4)。この報告書は、この時期の児玉の「募兵活動」についてのみ述べているが、この活動は児玉だけがしていたのではなかっただろうし、活動が始まったのも報告書があがってくる九月の前だっただろう。

里見の場合は、児玉の活動の報告のなかで名前が言及されるだけで、特に何をしていたかは明らかになっていない。まさかこの時期にかつてしたような麻薬売買はできないだろうから、戦前・戦中の人脈を使って児玉の募兵を手伝ったり、有末のための資金集めをしたりしていたのだろう。

有末機関がこのような大規模な工作を展開したので、さらに多くの「地下政府」傘下の機関が、新たに有末が実権を握ったＫＡＴＯ機関に加わるようになった。

ただし、これらの「地下政府」傘下の機関が、この時期の有末機関をＫＡＴＯ機関の一部だと認識し、自分たちがしていることがＴＡＫＥ工作であることを認識していたかどうかはわからない。ある者は認識していただろうし、ある者は認識していなかっただろう。認識していたものも、最初から知っていたかどうかはわからない。

この意味で、かなり拡大したこの段階の河辺・ＫＡＴＯ機関における有末機関は、参加していた旧軍人たちには、ＫＡＴＯ機関というより、日本側「機関」の連合体としての「宇垣機関」として意識されていたといえる。

有末はこの五〇年ころの拡大期に絶頂を迎えていた。

ＫＡＴＯ・河辺機関を実質的に一人で動かし、「地下政府」のあまたある機関に対して覇を唱え、占領下の日本とは思えぬ規模の秘密工作を指揮していた。そのため、他の機関を傘下に収め、そうでない機関とも連携を強め、自らの影響下に置き始めた。

資金も豊富に入ってきた。「日本義勇軍」の派遣によって、中国国民党から資金が得られた（『真相』の記事にはしきりに一〇〇〇万ドルとか四〇〇〇万ドルという金額がでてくる）からだ。往路で日本人の傭兵を満載した船に、復路ではさまざまな物資を積み込み、それを日本で売り払って巨利を得ることができた。

このような工作に使われた船の一つが海烈号だった。

四九年八月一七日、香港船籍の商船海烈号が、川崎市の日本鋼管埠頭にペニシリン、ストレプトマイシン、サッカリンなど時価五億円にのぼる物資を陸揚げしていたところ、これが密輸だったということがわかり、ＧＨＱのＣＩＤ（民間諜報課）が摘発した。逮捕されたのは船長や乗組員など中国人が八名、阪田誠盛、三上卓、板垣清、橋本武、志間忠兵衛、大窪謹男など日本人が一四名だった。

これは大手新聞各紙に取り上げられ、一大センセーションを巻き起こした。ついには、国会の場でも取り上げられた。四九年一一月一八日衆議院法務委員会では、梨木作次郎議員が殖田《うえだ》俊吉法務総裁など政府側に問いただした。

梨木議員「去る八月十七日かに、横浜の港におきまして、海烈号という中国の舟が密輸の嫌疑で検挙されて、例の五・一五事件に関与した三上卓等十四名かの人たちが検挙されたという、いわゆる海烈号事件というものが新聞に報道せられております。まず私が法務総裁に伺いたいのは、この海烈号事件というものの概要をお伺いいたしたいと思います。」

殖田大臣「今のお尋ねの件は、実は進駐軍で取扱っておりまして、私の方は報告は聞いておりまするけれども、直接これに当っておりませんので、詳細なことはわかりかねます。報告を聞いておりますところは、検務局長が心得ておりますから申し上げたいと思います。」

梨木委員「その総裁が受取っておられる報告の内要をお伺いいたします。」

殖田大臣「検務局長より報告いたさせます。」

高橋（一郎）政府委員「ただいま手元に持っておりませんので、次の機会にいたさせていただきたいと思います。」

殖田は「進駐軍が取り扱って」いるので直接関知しておらず、従って答えられないとしている。そこで検務局長に質問を振ると、彼も手元に資料を持っていないので、次の機会に回して欲しいと言う。進駐軍の威光で何とかもみ消そうという様子が見られる。

追及する梨木も、どういうわけか、これを単なる密輸の問題と受け止め、これからは密輸を厳しく取り締まらなくてはならないという方向に話をもっていってしまう。

それもそのはずで、これには「地下政府」だけでなく中国国民党政府やマッカーサーまで関与していたのだ。

この事件を報道した、当時毎日新聞記者の大森実は、「対日理事会の代表、朱世明中将の逆鱗に触れ、プレス・コード違反で危うく逮捕されそうになった」と『戦後秘史7』に書いている。前に述べた岡村送還の事情などを考えれば、むべなるかなと思える。GHQと中国国民党政府代表も力を合わせてもみ消しを計ったということだ。

海烈号事件は氷山の一角にすぎなかった

五〇年九月二〇日の衆議院法務委員会では、同じく根本中将が絡む丸良丸事件が追放令違反にかかわる問題として取り上げられている。この委員会で林百郎議員は大橋武夫法務総裁にこのように質問している。

さらに私のお聞きしたいのは根本博、これは元の中将でありますが、これは台湾募兵問題で、追放令違反で前からしばしば言われております。最近台湾に密航した丸良丸事件、これは静岡で拿捕された船でありますけれども、これにもやはり根本元海軍中将が関係しておるということをわれわれ聞いておるのでありますが、この根本博中将についての特審局（法務府特別審査局、のちの公安調査庁）のその後の調査、あるいはこの所在等についてわかっておったらお答え願いたい。

大橋の回答は、やはり「ただいま調査中」というものだった。つまり、これらの事件は当時の政府には扱えない問題だったということだ。これに類する怪事件は、他にも多く発生していた。

「捷真丸事件」もその一つだった。この事件は、四九年夏ころ、児玉の手引きで、日本義勇軍の根本が捷真丸という漁船に旧日本軍の爆撃機のパイロットを潜ませて、密かに宮崎県延岡沖から台湾に密航したというものだ。これも大森が『戦後秘史7』で取り上げている。大森がこの著書で紙面を多く割いているのが「衣笠丸事件」だが、こちらは上記の二件とは違って「日本義勇軍」とは直接関係ないと見られる。だが、七九頁の表に従えば、有末機関（河辺・ＫＡＴＯ機関のなかの）の朝鮮工作の一つとも考えられるので少し触れておこう。

「衣笠丸事件」とは次のようなものだ。四九年一一月二七日、衣笠丸という一一〇トンの機帆船が和歌山県田辺港に入港した。港湾関係者が積荷を調べたところ北朝鮮の特産品を満載していたことがわかった。取り調べが進むうちに密輸の主役が松下電器貿易だということがわかり大騒ぎになった。

この船は電熱器、ラジオ、モーター、アイロン、ソケット、コンセント、コードなど松下電器の製品を日本から積んで、北朝鮮の元山港で降ろし、帰路はウニ、タラコ、石鹼、蠟燭、甘草、アルコールなどを満載して田辺港に寄港していた。

この密貿易に関わっていた塩谷栄三郎が六六年に発表した「衣笠丸事件の真相発表」によれば、この背後にあるのは日本共産党と中国共産党で、その目的は中国共産党に機材を補給することだったという。

塩谷は戦前日本共産党員だったが、その後転向し、戦時中は上海で日本軍のために諜報活動に従事していたとされる。とすれば、児玉と接点があった可能性がある。

しかし、この事件には児玉や有末の名前はでてこない。代わりに、ウィロビーなどG-2が関わっていて、密輸を黙認し保護を与えるのと引き換えに、塩谷たちに北朝鮮と中国方面の情報を収集することを命じたと塩谷は主張する。

ということは、有末や児玉や渡邊（七九頁の組織図参照）の名前はでてこないものの、有末機関（KATO機関のなかの）の朝鮮工作、それもTAKE工作の一つだったと考えられる。もっとも、日本側の機関ともKATO機関ともまったく関係ないG-2独自の朝鮮工作だった可能性も否定できない。

塩谷はなおも、松下電器顧問の新田亮を説きつけて、貿易会社「福利公司」を設立させ、合法的企業活動を装ってこの会社に工作を行わせたとする。しかも、ウィロビーがこのカヴァー会社をキャノン機関の下に置いたとさえ言っている。

キャノン機関は鹿地亘《かじわたる》を監禁したことで日本のメディアを騒がせた秘密機関でG-2の下に置かれていたとされている。これは当時社会党の衆議院議員で法務委員だった猪俣浩三が『占領軍の犯罪』という著書で明らかにした。だが、当然ながら、これに関する文書は、CIA文書からはでてこない。

「衣笠丸事件」からわかることは、ウィロビーなどG-2は、河辺機関や有末機関やK

ATO機関の枠組みにとらわれずに、使える旧軍人や特務機関員はすべて利用していたということだ。塩谷はそういった使えるコマの一つだったのだ。

河辺や有末たちの機関とG-2やCICとの関係はやや継続的なものだったが、短期的、ないし、そのとき限りでG-2やCICの仕事を引き受けた機関も多く存在したのだろう。事実、CIA文書には、渡邊機関、坂田機関、児玉機関などの名前があがっている。そのどれか一つに、短期・臨時的に塩谷が使われたのかもしれない。

結局、「海烈号事件」も「丸良丸事件」も一度は国会に取り上げられたものの、その後は放置され、報道もされなくなり、立ち消えになっていった。国会に取り上げられなかった「捷真丸事件」や「衣笠丸事件」も同様の運命をたどった。G-2が絡んでいることなので、日本政府は手を出す気がないのだ。

ウィロビーの帰国と共に終わった有末の天下

ウィロビーのもとで有末が謳歌していた「わが世の春」にも、突然終わりがやってきた。五一年四月に朝鮮戦争の戦い方をめぐってトルーマンと対立したマッカーサーが解任された。これにともなって、ウィロビーも退役し、アメリカに帰国することになった。

この帰国は、本書に登場する多くの「軍閥」の運命を変えた出来事だ。そして、有末もその例外ではなかった。

有末はこの当時、日本の国防軍をアメリカの援助と指導のもとで作ることを主張していた。そうすれば、アメリカに受けがいい自分がこの国防軍のトップになれると計算したからだと複数の文書が指摘している(AR, 51, 3, 1 : "Japanese Intelligence Services", 51, 5, 11)。

しかし、このアメリカ依存型国防軍案には野村吉三郎や下村定などの長老が強く反対した。ウィロビーが突如アメリカに去っていったのは、このような主導権争いをしている真っ只中だった。

それまでウィロビーの威光をさんざん笠に着ていただけに、日本人の有末を見る目は厳しかった。有末は急速に力を失い、人も離れていった。しかも、彼は河辺同様インテリジェンス機関や国防軍創設の動きからはずされることになった(AR, 61, 3, 16)。

有末は手記で、第一復員省時代に「八方美人の末路近し」という自分を揶揄した投書があったことを紹介している。その後もこうした反発はあったのだろう。

G - 2は有末を八方美人ではないにせよ、「オポチュニスト」と見ていた。そのとき利用できるものを最大限利用しようとする人物、その状況次第で誰にでも味方する人物、ということだ。ただし、故人の名誉のために記しておくと、有末はウィロビーに取り入りながらも、走狗に成り下がっていたわけではなかった。そのことを示す事実がある。

従来から、有末は、彼が隠し持っていた旧日本陸軍の対ソ連インテリジェンスの資料を差し出すことでウィロビーに取り入ったとよく言われていた。彼に対する旧軍人たちの反発も、彼らのそのような有末の見方が根本にあった。

ＣＩＡ文書は、この噂が事実だったことを示している。しかしながら、有末がそれをしたのは占領後五年もたった五〇年になってからのことだった。これは、「有末の資料の引渡し」というタイトルの五〇年八月三日付文書があるので証明できる。

有末はウィロビーとは終戦直後からの付き合いであるにもかかわらず、そして四七年からはＧＨＱの歴史課と特殊インテリジェンス班に入ったにもかかわらず、朝鮮戦争が勃発する五〇年になるまで資料を渡さなかったのだ。

しかも、渡した資料が全部だったか、重要な部分だったかは、有末しか知らない。後になって、ＣＩＡが有末を役立たず呼ばわりしたことは、前章で述べた通りだ。

彼はウィロビーを利用しようとし、利用することに一定の成功を収めたが、走狗ではなかった。彼もまた誇り高き大日本帝国軍人だった。

第四章　吉田茂暗殺計画の首謀者にされた男——服部卓四郎ファイル

服部卓四郎クーデター計画の報告書

五三年九月一七日、ＣＩＡは次のような報告書（以下この章で使用するＣＩＡ文書は特に断りがないかぎり服部ファイルから）を作成した。なお、これは五二年一〇月三一日付のＣＩＡ報告書を踏まえたものだ。

元軍国主義者と超国家主義者によって計画されたとするクーデターについて

評価　Ｆ６

情報源　アメリカ人監視者が以下の情報提供者から得た。

中国第三軍とコンタクトを持ち、中国に駐屯した日本陸軍の将校とも広くコンタクトを持ち、かつ現在インテリジェンス活動に携わっている中国人元将校。

一九五二年七月初め以来旧陸軍の将校を含む追放解除者のグループがクーデターを起こそうとしていた。このグループの指導者は服部卓四郎元陸軍大佐。他のメンバーは、児玉誉士夫、天野辰夫、本間憲一郎、井本熊男元陸軍大佐、種村。

現地担当者のコメント

一九五二年春に元軍国主義者と右翼主義者の追放解除が完了して以来、日本の政治に復帰しようとする右翼主義者に関する噂が多く流れている。この報告書は右翼主義者による暴力を含む策謀に言及したものとしては最初のものだ。この計画はほかのどの情報源によっても裏付けが取れていない。

現地担当者のコメント

児玉、天野、本間は有名な超国家主義者で時々辻の仲間として言及される。

この報告書は服部や児玉らが吉田政権へのクーデターを計画していると述べている。だが、情報の評価はF6。「本書の主たるソースについて」で解説したように、「信頼性を判断できない情報源からもたらされた信憑性を判断できない情報」ということになる。にもかかわらずCIA辻ファイルからは、同年一〇月三一日付で計画の詳細をさらに明らかにする報告書がでてくる。

辻政信がこのグループの指揮官に選ばれた。彼は服部にコントロールされていると言われる。このグループのメンバーではないが、井本と深いつながりがあるのは、第三軍と関係している前提督柴山（昌生）。グループと目的を同じくする人々は、宇垣一成、木村篤太郎、緒方竹虎、森田正夫、渡辺達夫と陸軍中野学校の不特定のメンバー。

グループは日本全国で五〇万人の支持を受けている。当初の計画は、追放解除者と国家主義者に敵対する吉田茂の暗殺を含め、クーデターを起こすというもの。グループは吉田と鳩山一郎を入れ替える計画だった。辻政信は、今はその時ではないとグループを説得した。彼は倒すべきは彼らのグループと右翼の的である吉田ではなく、社会党だと主張した。

グループは自由党が政権にある限りは、あるいは改進党総裁重光葵が首相になった場合でも、クーデターを起こさないことにした。グループはクーデターの代わりに小規模の暗殺を行うかもしれないとしている。その際のターゲットは広川弘禅だろう。そして実行者はN・T（原文実名）かT・S（原文実名）になるだろう。

クーデターを起こす場合は保安隊が使われる。井本（熊男）はすでに保安隊の重要な地位についている。辻は保安隊の一部を掌握している。

平和ボケしている今の私たちには、戦後の日本でクーデター計画があったと聞くと大変なショックを受ける。だが、当時の新聞や国会の議事録などを読むと、これに類したことは他にもあった。武力革命を目論む左翼勢力による騒擾も多かったし、終戦までは日本人とされていた朝鮮人や台湾人や中国人による暴動も頻発していた。

前にも述べたように、「宇垣機関」の中には、河辺機関のようにG‐2と合同した者もいたが、その一方、合同せず、独自の目的と資金源をもって活動する者も多かった。

それらの一部も密輸、密航事件を引き起こしていた。

これらの機関にいる旧軍人は、戦後の混乱期もきわめて意気軒昂で、活発に動いていた。というのも、彼らのほとんどは、戦争が終わって五年も経てば、占領も終わり、アメリカ軍が引き揚げると同時に日本軍が再建され、元の地位に戻れるという楽天的な見通しを持っていたからだ。

終戦後から五〇年の警察予備隊の設立までの時期、五二年のこの組織の保安隊への再編成、そしてこの組織から自衛隊への五四年の再編成までの時期は旧軍人にとって希望と絶望が交差する期間だった。

警察予備隊や保安隊に職を得られた者もいたが、職を得られなかった者も多くいた。得られなかった者は不満を持ち、同じく不満を持つ者たちと語らって何かしようとした。つまり、クーデターを企てていると噂されたのは、服部だけではなかったのだ。

従って、問うべきは次のような問いだろう。「旧軍人によるクーデターの噂は他にもあったのに、なぜ特にＣＩＡは注目したのか。なぜ、そんなに服部が重要なのか」。

これに答えるためには、まず、自衛隊の草創期のエピソードから始めなくてはならない。

服部卓四郎（1901〜1960）

山形県出身。1922年陸軍士官学校卒、30年陸軍大学校卒、39年５月ノモンハン事件作戦指揮、42年陸軍大臣秘書官、45年歩兵第六五連隊長、46年５月中国から単独で帰国、復員庁やＧＨＱ歴史課の仕事を経て、引揚援護庁復員局資料整理課長。53年史実研究所開所、同所長。

コワルスキーが嚙み付いた「森問題」

米軍大佐でＧＨＱに所属していたフランク・コワルスキーの回顧録『日本再軍備』には、警察予備隊がどのように生まれたのか象徴的に物語る次のような場面が出てくる。

総司令部幕僚長へ提出する（警察予備隊の）顧問団からの最初の週報作成にあたり、シェパード少将は予備隊（警察予備隊、のち保安隊のち自衛隊）編成に関して森氏と会談したという一文を入れてくれと言った。私（コワルスキー）は森という名の訪問者を思い出せないので面くらった。また、少将がわれわれとプリアム大佐、服部大佐や元帝国陸軍の大佐たちと会談したことについては報告するように指示していないのに気がついた。

ＧＨＱでは各部局とも、その週に何があったのかを記録する週報を作成し、残していた。それは正確でなければならないし、ましてや事実を偽ったり、捏造したりしてもいけない。だから、コワルスキーは、「森氏」と会ったという一文を入れろというシェパード少将の命令を不審に思っている。だが、その謎はすぐに解ける。

「閣下、森氏というのは誰ですか。森という人が訪ねて来たのを思い出せませんが」

彼の手は弾丸にでもあたったかのようにぴたっと止まった。（中略）

「ああ、あれは服部大佐のことだよ」

「いったいこれはどういうわけですか、閣下。この報告は総司令部の幕僚長へ出されるものですよ」

「森というのは、服部大佐のために第二局（Ｇ‐２）が決めた匿名だよ。プリアム大佐が匿名を使ってくれとわしに頼んだんだよ。彼の話だと、ウィロビー少将は予備隊に追放者を使うことについて、第三局（G-3）や民政局に食いつかれるのはおもしろくないと言っているそうだ。（後略）」

「しかし閣下。そのような策略に加わってはいけないと思います。とにかくこれは顧問団の活動についての公式報告です。副幕僚長、幕僚長、それからおそらくマッカーサー元帥もこれを読まれるでしょう。私個人の意見を述べさせていただけるならば、ウィロビー少将がやろうとしていることには同意できません。この報告を出したら閣下も抜き差しならないことになりますよ」

ウィロビーが偽名まで使わせて服部の名を隠したのは、彼が「（公職）追放者」だからだ。戦後、旧日本軍の幹部たちは戦犯容疑者とされ、無罪になった場合でも、公職追放を受けた。服部の場合も、巣鴨プリズンには入らなかったが、公職追放を受けていた。

服部は前から「国防軍」を準備していた

コワルスキーはこのようなやり取りがいつなされたのかを明らかにしていないが、秦郁彦著『史録　日本再軍備』を読むと、五〇年七月九日以後であることがわかる。この著書によれば、コワルスキーが朝鮮戦争勃発にともない前線にでるためにシェパード少将のところに申告にいったところ、次のように言われたという。

フランク、君が連隊長の職を望む気持はよく分るが、君は朝鮮へは行けないよ。二人で日本でしなければならぬ大役があるのだ。

わしはマッカーサー元帥から警察予備隊を組織する大役を仰せつかったんだ。警察予備隊というのは、さしあたり四個師団編成で、定員七万五千の国土防衛隊だが、将来の日本陸軍の基礎になるものだ。君はわしの幕僚長になるのだ。だから朝鮮はあきらめろ。

ここから、服部を「森」として会議に参加させていたのは、朝鮮戦争勃発後、吉田総理大臣が急遽警察予備隊の創設にかかったときだとわかる。マッカーサー元帥が吉田総理大臣に書簡で警察予備隊を創設するよう要請したのは前日の七月八日だ。

『日本再軍備』からの引用文には「顧問団からの最初の週報作成にあたり」とあるので、それから一週間後、七月一五日ころのことだと推測される。

もっとも、服部がウィロビーの下で「将来の陸軍」の計画にかかったのは、前の二章で見たように、これより三年ほど前のことだった。このほか、河辺も、治安維持隊を含めた再軍備計画を持っていた。

辰巳は、読売新聞の戦後史班の取材に応えて次のように述べている。

ウィロビーは「われわれはいずれは撤退する。そうなったら日本の防衛は日本人の手でやらなくてはならない」とよく言っていた。もともとそういう考えだから、マッカーサー書簡の出るずっと前から服部卓四郎君たちに、将来の再軍備のための準備として、四個師団の編成表と四〇〇人の幹部の名簿まで作らせていた。警察予備隊ができるとき、私はそれをG‐2の（ルーファス・）ブラットン大佐（次長）から「実はこんなものがあるんだが……」と見せられ、驚いた記憶がある。

（『「再軍備」の軌跡』から）

このような準備があったからこそ、短期間に警察予備隊を編成し、それを保安隊へと拡大することができたのだ。

半藤一利は『昭和の名将と愚将』の中で、病に倒れる直前の松本清張に会ったとき、松本は「服部機関」(戦後の)に言及して、もう一度GHQのこと、それも服部と再軍備のことを書きたいと言ったと書いている。松本が睨んだように、服部とGHQ(とくにG-2のウィロビー)の関係は、日本の再軍備の始まりと結びついていた。

服部卓四郎はそれまでなにをしていたのか

ひとまとめに旧日本軍の幹部たちというが、そのなかでも服部は特別だった。彼はかつて東條英機の秘書官を務めたこともある陸軍の本流にいたエリートだ。彼の著書である『大東亜戦争全史』(実際は編纂が主だった)の略歴によれば、彼は三一年に陸軍参謀本部勤務となり、三九年にノモンハン事件で、辻と共に作戦を指揮している。

このとき服部は辻の攻撃一点張りの作戦を採用して日本軍の大敗を招いたと言われている。ところが、服部はその責任を問われることなく、東條英機の強い引きによって、四一年に大本営参謀本部作戦課長、四二年に陸軍大臣(当時は陸軍大臣兼総理大臣の東條英機)秘書官、そしてその翌年には再び参謀本部作戦課長に戻っている。

あろうことか、四一年に作戦課に戻ったとき、服部はノモンハンの失敗で台湾軍研究部員にされていた辻も作戦課に呼び戻す。そして、真珠湾攻撃と並んで大成功を収めたマレー半島上陸作戦を立案させる。このように太平洋戦争初期に陸軍が行った作戦は、服部と大本営参謀本部作戦部長田中新一と同作戦課兵站班長辻政信のラインで立案されたと言われている。

さて、中国で終戦を迎えた服部は、辰巳栄一と共に日本に帰国した。そして、四六年一二月から復員庁第一復員局史実調査部長になった。

復員庁は「引揚援護、戦傷病者、戦没者遺族、未帰還者留守家族等の援護及び旧陸海軍の残務の整理を行う」部局なので復員者についての基本的情報を把握、管理していた。服部たちも、復員軍人に彼らの戦友の安否や居場所や動向、あるいは従事した戦闘そのものについても聞き取り調査をし、それを整理し、資料化した。ウィロビーなどG-2が服部や有末に目をつけたのは、彼らが第一復員省やその後身である復員庁の業務を通じてこのような情報を得ていたからだ。

占領軍といえども、占領目的や治安維持と直接関係のない日本側のこのような情報にはむやみにアクセスできなかったのだ。

その服部は四七年五月からGHQの歴史課に招かれた。

五一年三月六日付報告書（有末ファイル）は、ウィロビーがすでにGHQの歴史課に来ていた有末を通して服部をリクルートしたとしている。だが、高山信武の『服部卓四郎と辻政信』では第一復員局長上月良夫元中将が服部を推薦したとしている。

これは有末が服部に話をした後、服部が同意したので、上月に許可をもらったということだろう。有末が日本側で評判が悪く、また彼の口利きだというと、なにかG-2と関係があるのではないかと憶測を招くので、G-2から公式に要請があって、上月が推薦したという形にしたのだろう。

服部は、第一復員局勤務のかたわら『大東亜戦争全史』の執筆・編纂にあたった。大本営参謀本部作戦課長だった彼ほど、このような戦史を書くのに適切な人間はいない。GHQのG-2のトップ、チャールズ・ウィロビー少将もアメリカの側からの「太平洋戦争全史」（のちにMacArthur: 1941-1951、邦訳『マッカーサー戦記』としてまとめられる）の編纂を進めていたため、彼が服部に強い関心を持つのは当然だった。日本の旧軍人のあいだでは、ノモンハンでの失敗とその責任をしっかりとらなかったことで服部の評価は必ずしもよくないが、ウィロビーは彼を高く評価していた。

服部の国防計画

予想がつくことだが、ウィロビーが服部に求めたのは太平洋戦争の戦史の編纂だけではなかった。ウィロビーが服部を高く買った理由は、先の大戦での実績というより、特殊インテリジェンス班の中での議論で明らかになった服部の対ソ戦のための作戦立案能力にあった。第二章で述べたように、服部は有末と共にG-2の特殊インテリジェンス班に加わり、対ソ連、中国防衛計画を立案することになる。

それがどのようなものか、服部の作成した「日本は国防軍を持つべきか」（日付は入っていない）と題されたソ連の日本侵攻シミュレーションで見てみよう。

このシミュレーションのなかで、服部はソ連の当時の戦力を二〇〇個師団と推測している。戦争が始まればこれは四〇〇から五〇〇個師団に増えるが、国土も広大なので、このうち極東に回せるのは二〇個師団と概算している。

鍵になるのは航空兵力だが、ソ連は大戦時三万機から四万機の飛行機生産力を誇っていたが、当時極東で戦争に振り向けることができるのは三〇〇〇機から五〇〇〇機にすぎない。

一方、中国は人口一〇億人といわれるが、実際に戦力となるのは四五〇万人で、そのうち日本と戦争した場合に動員できるのはおよそ五〇万人程度で、これは三〇個師団に相当する（朝鮮戦争では中国は約三〇万人を投入した）。

これに対して当時のアメリカの地上軍全体の規模は二〇〇個師団。日本には六個師団から八個師団常時駐留させることになっていたが、極東有事の際には、三カ月以内にさらに約四五万人、およそ三〇個師団の兵力を動員することができた。飛行機の生産能力は年産一〇万機で、当時極東に実戦配備できるのは六〇〇〇機から七〇〇〇機だ。

この概算でいくと、ソ連と中国が連合して日本を攻撃した場合、これをアメリカと日本で迎え撃つためにはおよそ五〇個師団の地上兵力が必要になる。アメリカだけでは地上兵力は一五から二〇個師団不足する。

ここから日本の国防にあたる地上軍の規模は二〇個師団から一五個師団だということになる。二〇個師団ならおよそ三〇万人、一五個師団なら二〇万人あまりになる。

ソ連の航空兵力に関しては、アメリカだけで対抗できるが、日本も最低一〇〇〇機ほどは保有したほうがいい。これに日本のシーレーンを守るための一二万トンの海軍の艦船が加わる。

このような二〇個師団の地上軍を創設するための予算は総額六〇〇億円で、その維持費は毎年五〇億円になる。これは地上軍の人員についての予算で、兵器や装備についてはまた別だ。そして、海軍力、空軍力もさらに加えなければならない。

以上が「日本は国防軍を持つべきか」の概要である。

五二年一月二八日付の「再軍備と旧軍人の活動」と題された報告書にも服部の対ソ連防衛シミュレーションがでてくる。

それによれば、第三次世界大戦が起きた場合、ソ連が日本攻撃のために動員できるのは一五個師団から二〇個師団のあいだだとされている。これを日本が単独で迎え撃つには一五個師団から二〇個師団必要だということになり、同じ結論に行き着いている。

ソ連の日本侵攻だけを問題にしているのは、中国には航空兵力も海軍力もないので、東シナ海と黄海と日本海を隔てた日本本土に単独で侵攻する事態は考えにくいからだ。

のちに、ジョン・フォスター・ダレスは吉田に約三二万人の国防軍創設を要求する。その根拠はまさしく服部のこの対ソ連、中国防衛計画にあったといえる。二〇個師団の地上軍プラス海・空軍でだいたい三二万人になる。そして、鳩山も芦田均も、服部のこの国防計画を支持していた（HA, 52, 2, 28）。

吉田は、再軍備よりも日本の経済復興を優先させる考えだったというのが通説だが、服部のレポートを見れば、それもむべなるかなと思えてくる。総額六〇〇億円とか、年間維持費五〇億円とか、経済が脆弱で、いまだアメリカの占領下にある日本では考えられない数字が並んでいる。吉田の腰が引けるのも無理はない。

服部機関はなにをしていたか

服部をG‐2で雇った後、ウィロビーは「服部機関」を作らせた。服部はこの機関で、前に見たような対ソ連、対中国防衛の研究を行うと共に、将来の国防軍の編成の研究と人材のリクルートも行った。

この編成計画の中心をなすのが、国防軍の幹部となるべき人材の選考だった。服部は復員局で得たデータと人脈をフル活用して、旧日本軍の軍人のなかから四〇〇名を選抜しそのリストを作った。

前述したように、服部は警察予備隊の編成の際、コワルスキーらの会議に出席していたが、それはこのような服部機関の任務を遂行している代表としてである。

五二年四月一一日のCIA報告書は、林三郎元陸軍大佐の話として、服部機関は全国の各県に代表がいて、しかもその下に五、六人の人員が貼り付けられているという情報をあげている。

四〇〇人もの「国防軍」の幹部をリクルートするとなれば、このような全国的組織も必要だったのだろうが、これは警察予備隊と保安隊の隊員をリクルートするときだけの一時的な組織だろう。

なぜ、有末でも辰巳でもなく、服部にこの「国防軍」の編成という役を与えたのだろうか。それは、有末も辰巳もインテリジェンス部門のトップだが、軍の編成や作戦が専門ではなかったからだ。

彼らはインテリジェンス機関を作ったり運営したりすることはできるが、国防軍の編成には適任とはいえない。この点で、太平洋戦争初期の作戦を立案し、またその実行にもあたっていた服部なら、彼の国防計画や国防軍幹部リストをみてもわかるように、国防軍の編成を任せられる。そう考えたのだ。

ウィロビーは、敗れたりとはいえ、旧日本陸軍を率いて物量にはるかに勝るアメリカ陸軍と善戦した日本軍の参謀たちを高く評価していた。とりわけ服部に対しては、彼が東條の秘書官だったこともあり、他の将軍たちとは違う視線を注いでいた。要するに服部はアメリカ西太平洋陸軍が大日本帝国陸軍に勝利したことを証するトロフィーなのだ。

五二年二月二九日付「参謀本部再び動く」（The General Staff Office on the Move again）と題された報告書では、ウィロビーはバターン（フィリピン）作戦の意図についての服部の説明に、特に感銘を受けたと記している。それも当然だろう。マッカーサーやウィロビーはこのバターンで一敗地にまみれてフィリピンから撤退し、オーストラリアで再起を期すことになったのだ。彼らにとっては忘れようにも、忘れることができない負け戦だった。

その日本陸軍を打ち破り、日本を占領し、服部たちをG－2に囲っている立場だからこそ、このような話に花をさかせる余裕があったのだろう。

ウィロビーは太平洋戦争で行われた作戦などについてこのように服部と話し合っているうちに、服部の作戦立案能力の高さを認めるようになった。ウィロビーが服部を高く評価すれば、服部も悪い気はしない。そうしているうちに、両者のあいだに強い友情が育っていったということは十分理解できる。

また、ウィロビーとしても、自分と友情で結ばれた男を引き立てて国防軍のトップに据えれば、占領終了ののちも日本に対して影響力を持つことができる。このように、ウィロビーが服部を引き立てるのにはいくつもの理由があったといえる。

ちなみに、この服部機関はその組織力を生かしてインテリジェンス工作も行っていた。一例を挙げれば、五二年一月二二日のCIA報告書（CICから引き継いだ）では、服部は河辺機関と合同で、実際に北海道方面での対ソ連インテリジェンスに部下を送っている。これらの活動はG‐2の要請によるものだが、服部自身も自分が立てた対ソ連防衛計画が現実のなかでどれほど妥当性を持っているか確かめたかったのだろう。

吉田が服部を嫌った多くの理由

このように服部が国防計画と国防軍編成という任務に最適だったのは間違いない。問題は、彼が軍国主義の象徴、東條の秘書官だったという過去だ。服部を、平和憲法を与えられた日本を防衛する警察予備隊の幕僚長にするのは、いかにも不適切だ。まるで、日本に軍国主義が復活することを是認するようなものだ。

だからこそ、コワルスキーも強く反対したのだ。彼の他に、GSのコートニー・ホイットニーなども、ウィロビーの「たくらみ」に反対していた。

このため、ウィロビーは「森」という偽名を使い、会議の記録にも「森」という名を残すように細工しなければならなかったのだ。

皮肉なのは、当時の吉田首相は、再軍備以外のことでは、ウィロビーを後ろ盾とし、ホイットニーと対立していたということだ。その吉田が、この「服部問題」に関しては、むしろホイットニーと組んで、ウィロビーの横車を阻止しなければならなかった。

また、吉田には、コワルスキーやホイットニーとは別の、服部を幕僚長にしたくない「歴史的経緯」があった。

吉田は戦前に奉天の総領事だったとき、父の知人の森恪《かく》が主宰する東方会議に参加するなど中国進出積極派だった。その後親英米派に転じ、陸軍から睨まれるようになった。三六年に二・二六事件のあと、親友の広田弘毅が総理大臣になったとき、吉田は外務大臣に擬せられた。だが、陸軍の反対にあってこのポストを逃し、駐英大使に転出している。

戦争中も、近衛文麿の意を受けて和平工作に乗り出し、憲兵隊に逮捕されて、投獄さえされている。つまり吉田にとって、陸軍は不倶戴天の敵であり、服部はその陸軍の象徴だった。

前に見てきたように、「地下政府」傘下の機関の活動は活発だった。そのほとんどが国防軍の創設を渇望していた。そして、G-2は服部機関を作るなどして、国防軍のレールを敷こうとしていた。これが、彼らを活気づけ、また、焦らせた。

一般論として、戦後日本の国防軍は、戦争責任のない、軍隊経験もない若者で作るというのが理想だろう。だが現実には、実戦を経験した人間のいない警察予備隊はこころもとない。国防軍となればなおさらだ。

「軍閥」は、そう主張して、戦争が終わって二年もすると、G‐2とは別のルートからも吉田に再軍備を迫るようになっていた。吉田からみれば、それは軍閥が政治に干渉する戦前の政治の再現だった。

吉田は警察予備隊を望んでいた

『「再軍備」の軌跡』の中の辰巳の談話によれば、吉田は最初から再軍備に反対だったわけではなかったという。

戦後の日本では、日本に残った中国人や台湾人や朝鮮人（といっても終戦時の国籍は日本人）が、自分たちが戦勝国の国民であるとして、大っぴらに法を無視して事件を起こすことがあった。そのために、日本の警官が命を落とすこともたびたびあった。吉田はこのような事件が起こることのないよう、警察よりも軍隊に近い治安維持隊の創設を考えていた。

しかし、吉田はウィロビーや河辺機関のような旧軍人の機関が、この治安維持隊をきっかけとして、そのあと国防軍の創設まで持っていこうと考えているのも察していたので、次のように考えたと思われる。

そのような国防軍は、新生日本の体制が十分固まっていない段階では有害だ。それは、日本を戦争に巻きこんだ軍閥を復活させ、日本が辿ろうとしている民主化の過程をゆがめる可能性が強い。日本を再び軍国主義に引き戻す危険さえある。

それに政治的主導権のこともある。ウィロビーと「軍閥」の勢いに押されて吉田が再軍備を余儀なくされるというのはいかにもまずい。そのようにしてできた治安維持隊や国防軍をコントロールすることも難しいだろう。

後に吉田がとる行動を考え合わせると、彼はもう少し落ち着くまで、そしてこの問題に自分が主導権を握る体制ができるまで待つべきだと思っていたと見られる。

この吉田からすれば、ウィロビーの庇護のもとに着々と国防軍編成を進めている服部は脅威だった。五一年一〇月一六日の報告書も、吉田がしきりに、「服部は〝トラブルメーカー〟だ」と周囲の政府関係者に漏らしていると伝えている。

服部とウィロビーを抑えられないまでも、彼らと吉田のあいだに入り、連絡をとり、できれば利害を調整する人間が吉田には必要だった。それが、服部と一緒の船で日本に帰ってきた辰巳だった。

吉田は対服部対策で辰巳をそばに置いたわけではない。実は吉田は戦後まもなく、辰巳を自らの軍事顧問としていた。吉田に「ＧＨＱがいろいろ言ってくるので相談に乗ってくれ」と言われて、辰巳が彼の顧問になるのは、帰国直後、つまり四六年の五月（六月という記録もある）のことだ（TA, 53, 5, 14）。この頃服部は郷里の山形にいて、まだＧＨＱの歴史課にも特殊インテリジェンス班にも入っていない。それどころか復員庁にもまだ勤めておらず、上京すらしていなかった。

従って、吉田が初め辰巳を用いたのは、ＧＨＱに対応するためであって、服部対策ではなかったと見られる。

そののち、「宇垣機関」の旧軍人たちが再軍備のことでうるさくいってくるようになって、ＧＨＱだけでなく、「軍閥」、とりわけ服部に対して、辰巳を盾として、かつ彼らとの連絡・調整役として使うようになったのだろう。

辰巳は三六年八月から三八年三月まで、駐英日本大使館付武官だった。ここで駐英日本大使の吉田と一緒になっている。この縁と、英語が達者で、旧日本軍参謀本部での地位からもGHQの将校に位負けをせず、軍事全般にわたって広い知識も持っているということから吉田に起用されたのだ。

吉田はなぜ服部を簡単につぶせなかったのか

吉田にとって服部が厄介なのは、ウィロビーが背後にいるからだ。ウィロビーは吉田の守護神だった。大まかにいえば、占領期の日本の政治は、G‐2のウィロビーが支援する保守系の吉田とGSのホイットニーが後押しする革新系の片山哲と芦田均を対立軸として展開していたということになる。

GSは共産党、社会党左派、労働組合に肩入れし、軍閥や財閥や旧体制の指導者を取り除いて日本を社会主義的な民主国家に作り変えようとしていた。

これに対しG‐2は共産主義者や労働組合や左翼学生たちを抑圧し、追放されている軍閥や財閥や旧体制の指導者を復権させて日本を「アジアの工場」にし、かつ共産主義に対する強固な防波堤にしようとしていた。つまり、GSとG‐2は、新生日本をベクトルが全く正反対の方向に導こうと争っていたのだ。

その結果、四七年から翌四八年まではGSをバックとする革新勢力が政権をとり、その前後にはG-2が支援する保守勢力が政権をとった。

このような政治状況なので吉田はウィロビーには逆らえなかったのだ。しかしながら、いかにウィロビーの意向とはいえ、吉田は服部の警察予備隊幕僚長就任を見過ごすことはできなかった。まして、服部がウィロビーのもとで旧軍人四〇〇人のリストを作り、いつでも警察予備隊の中核として送り込む体制を整えていたのでなおさらだ。

再軍備を拒み続ける吉田のかたくなな態度は、ウィロビーよりも当時国務省特別顧問だったジョン・フォスター・ダレスの不興を買うことになる。

『渡辺武日記』には、朝鮮戦争直前の五〇年六月二二日、渡辺武（大蔵省で対GHQ渉外担当だった）が前日来日したダレスを自宅に招いた時の様子が記されている。このとき同席したのは、コンプトン・パッケナム、ハリー・カーン（いずれも米対日協議会のメンバー）、沢田廉三（外務省）、松平康昌（式部官長）、海原治（警察）らだった。

席上、ダレスは吉田の態度に業をにやしてこう皮肉をいっている。

「日本は国際間の嵐がいかに激しいか知らないので、のどかな緑の園生に居るという感じである」

そして、カーンが、吉田は日本にアメリカ軍の基地を残すことにも反対なようだというと、ダレスはこう脅している。

「アメリカとしては仮りに日本の工業を全部破壊して撤退して了《しま》ってもよいわけだ。日本は完全に平和となる。しかし日本人はうえ死するかもしれない」

再軍備をめぐるウィロビーとホイットニーの確執

この会話がなされた三日後に朝鮮戦争が起き、アメリカは日本側が国会で法案を通すのを待たず、日本は二〇万人までの警察力を持つことができると定めたポツダム政令に基づいて、八月一〇日、吉田に警察予備隊を作らせた。

警察予備隊創設にあたって、ウィロビーはホイットニーと共に、日本政府が警察予備隊の幹部に予定している候補者の身元や経歴を調査し、その就任を承認する権限を持っていた。

大まかにいうと、警察予備隊が治安維持隊的なものならば、GSの所掌となるが、国防軍的なものならばG - 2の管轄となる。幕僚長が服部となるならば、治安維持隊ではなく、国防軍になる。従ってウィロビーは服部を強く推し、ホイットニーは吉田と共にこれに反対するという構図になった。

結局、吉田は警察予備隊全体のトップにあたる警察予備隊本部長官に内務官僚出身の香川県知事増原恵吉、制服組のトップにあたる警察予備隊中央本部長に同じく内務官僚出身の林敬三を指名した。シビリアンコントロールを確立しようということだ。

ホイットニーはすぐにこの人事を承認したが、ウィロビーは承認せず、約一カ月にわたってこの人事案件をたなざらしにした。その後、マッカーサーがホイットニーの側につき、その命によってウィロビーもようやく承認した。

吉田はほっと安堵の胸をなでおろしたことだろう。ウィロビーのいいなりになって、服部と彼が選んだ四〇〇人を中核とする警察予備隊を作ったのでは、吉田はいつ彼らに寝首をかかれるかわからない。少なくともそれを恐れながら政治をしなくてはならない。

増原と林の起用とシビリアンコントロールの確立は、この意味でも当然のものだった。しかし、ウィロビーは吉田に警察予備隊から保安隊への再編成など再軍備の圧力をその後もかけ続けた。そして、服部の部下にも警察予備隊に入るよう命令さえしている（HA, 52, 5, 10）。

吉田は辰巳や下村定を軍事顧問として、これを拒み続けた。

実は服部にとっては、警察予備隊の幕僚長になれなかったことは大した問題ではなかった。というのも、彼はこの警察予備隊と将来の国防軍とは別だと考えていたからだ。つまり、警察予備隊はあくまで治安維持隊だが、国防軍は完全な軍隊だということだ。自分の出番は次の国防軍の創設のときだと服部は考えていた。

だから服部はこの後も国防軍の計画を練り、それを吉田に見せていた。吉田もウィロビーの手前、計画を見ざるを得ず、同意を表明せざるを得なかった。その一方で吉田は服部が保安隊に入ってくることがないよういろいろ手を打った。

この吉田の「服部はずし」には、宇垣機関の傘下にあって、服部保安隊に強く反対していた岩畔、土居（明夫）、塚本（誠）、林（三郎）も同調した。彼らもまた国防軍の中枢にならんとして吉田に売り込みをかけていたからだ。

彼らはよくこのようなことを言った。

服部は東條の秘書官だった男だ。しかも、対アメリカ戦争有利というデータをでっちあげて、東條を戦争に踏み切らせた参謀でもある。こんな男を国防軍の幕僚長にしたのでは、日本はまた同じ轍《てつ》を踏むことになる。国防軍の幹部にすることだけでなく、保安隊のことに口出しをするのも禁じるべきだ（TSU, 51, 5, 3）。

服部国防軍計画が旧陸軍の幹部から支持を得られなかったということは、後に吉田が服部潰しをするときに、服部にきわめて不利に働いた。

ダレスの要求の根拠は服部国防案だった

ダレスは五一年一月二五日に再び来日した。このとき、ダレスは吉田と会談し、講和条約が先か、再軍備が先かと迫った（HA, 52, 2, 28）。吉田としては講和条約を締結して早く占領を終わらせたいのはやまやまだが、ダレスの求める約三二万人の国防軍創設計画は呑めなかった。

実はこれ以前に服部は、ダレスが来日して吉田との交渉をする際の資料にするので国防軍案を提出するようにとウィロビーから要請されていた（HA, 52, 1, 3）。この流れで、ウィロビーのアレンジで、服部は来日したダレスと会って日本の国防について話すことになっていた。会談そのものが実現したかどうかは確認できないが、ダレスが服部の国防案を渡されていたことは確かだ。

吉田は、ウィロビーの要請とはいえ、自分が承知していない国防軍案を服部が作り、それをダレスに渡したことが許せなかった。さらに許しがたいのは、服部が彼の政敵鳩山一郎に接近していることだった。

五一年一〇月一六日付報告書は、五一年の春に、鳩山が服部を自宅に招いて国防の問題について話したと報告している。

鳩山の日記『鳩山一郎・薫日記』でこれを確認すると、確かに鳩山は五一年一月二三日の夜に服部を自宅に呼び寄せている。だが、これが初めてではなく実は二度目で、最初は五〇年一二月一九日だった。

これは鳩山がダレスとの会談に備えるための情報収集の一環だった。鳩山は、『ニューズ・ウィーク』の記者パッケナムからダレスが日米講和条約の予備交渉のために日本に立ち寄ることを聞いていた。

鳩山はダレスが再軍備に消極的な吉田の態度に怒っていると聞かされていたので、自分ならば再軍備をもっと積極的に進めるとダレスに売り込みたかったのだ。だから、専門家であり、ウィロビーらとも繋がりのある服部から国防案について耳学問しておいたというわけだ。

服部は二回の会見ですっかり鳩山が気に入り、「この次期総理大臣候補がいかに国防を真剣に考えているかわかった」と報告書のなかで情報源に語っている。そして、早く鳩山政権が誕生することを望むという期待も表明した。二人はこのあともしばしば会うようになる。

一方の鳩山も、五一年二月六日にダレスとの会談を果たしている（ただし、鳩山はこのとき初めてダレスと会ったのではなく、住本利男著『占領秘録』によれば、五〇年六月の来日の際にも、パッケナムが渋谷区松濤の自宅で鳩山をダレスに引き合わせていたという）。

ちなみに旧海軍の超大物野村吉三郎も国防案を持っていた。そして服部の場合と同じく、ダレスとの会見の前に、鳩山から相談を受けていた（この詳細については拙著『CIAと戦後日本』に譲る）。

こうした経緯の後に、ダレスは吉田に約三二万人の国防軍を作れと迫ったのだ。この数字は服部がはじき出したものにもっとも近い。

吉田、服部に復讐する

日本の国防計画についてダレスにご進講した服部の保安隊幕僚長就任は確実と思われていた。ところがその矢先、河辺や有末を襲ったのと同じ不運が服部を見舞った。ウィロビーの帰国である。

これによって服部と吉田の力関係はまったく変わってしまった。五一年一一月二六日付報告書は、いったんは呑んだ国防計画（とくに人事案）を吉田がウィロビーの離日したあと勝手に変更したことを明らかにしている。

吉田は当初予定されていた警察予備隊幹部の人員を大幅に削った。彼らの多くは旧日本軍の軍人で公職追放になっていたので、これによって自動的に追放解除すべき幹部候補者の数も減った。

加えて、それまで警察予備隊とは別に国防軍を作るというウィロビー・服部案と、警察予備隊をベースに国防軍を作るというコワルスキー・吉田案が、あいまいなまま並立していたが、これ以降ははっきりと後者で進めるという方針が打ち出された。

吉田としては、このほうが規模も小さく、予算も少なくてすむうえ、人員も警察予備隊から保安隊に引き継がれることになり、服部機関や河辺機関の旧軍人たちが入り込む余地が少なくなるので都合がよかったのだ。

状況の変化によって、服部を保安隊幕僚長にする案も葬り去られた。これは服部よりも、彼のもとに集まり、保安隊の幹部入りを夢見ていた旧軍人たちを嘆かせ、怒らせた。

当然ながら、服部は吉田を激しく批判した。吉田の考えているような警察予備隊ではとても日本を防衛できない。また、吉田はシビリアンコントロールを唱えて指揮権を曖昧にしているが、これではいざというとき動けないとも批判した（HA, 52, 1, 5）。

服部はさらに保安大学校（五二年八月一日設立）の教官人事にまで口を出した。候補者に名前が挙がっている者はどれも危険ではないが、有能でもない人物で、とうてい将来の国防軍を育てていく力量に欠けているというのだ（TA, 52, 3, 4）。これらの候補者とは、杉田一次、宮野正年、高山信武、細田熙《ひろむ》、磯田三郎だった。もちろん、これは服部を無視して教官人事を行ったことへの反発が根にあった。

五一年九月、サンフランシスコ講和条約が締結され、翌年四月にアメリカ軍による占領が終わり、ＧＨＱがなくなることがはっきりすると、吉田は服部に対する本格的復讐に取り掛かった。

マスコミを使って叩くだけでなく、彼の部下を保安隊の幹部候補から外した（HA, 51, 12, 18）。服部はもとより幕僚長のポストに執着していなかったので、自分が排除されるのはさほど気にならなかったが、部下が警察予備隊や保安隊から締め出されるのはこたえた。

吉田と増原は服部に関わったものは徹底的に締め出したばかりか、軍国主義者服部の一味だとして悪し様に言った。こうした態度には、服部よりも、辻の方が強く反駁《はんばく》したのだが、結果として、服部が辻を使って反撃しているという印象になり、服部のイメージはさらに悪くなった。

服部クーデター・吉田暗殺計画のことがＣＩＡの報告書にあがってきたのは、このような状況のもとでだった。

吉田暗殺・クーデター計画

二〇〇七年二月二六日、時事通信は、「服部卓四郎ら　吉田茂暗殺・クーデターを計画」という記事を流した。だが、その後、続報も出さず、詳細を明らかにすることもしなかった。そして、それは理由のないことではなかった。

筆者は時事通信に先立つこと一年以上前の二〇〇五年の一二月に、このクーデターについての報告書をＣＩＡファイルの中に発見した。だが、これを雑誌や新聞を通じて公表するということをしなかった。

代わりに、読売新聞社主にして日本テレビ社長だった正力松太郎がＣＩＡからポダムという暗号名で呼ばれる協力者だった事実を『週刊新潮』の誌面で明らかにした。

なぜ、服部クーデター計画は見送ったのかといえば、この章の冒頭でも述べたように、この報告書の信頼性には大いに問題があったからだ。この情報の評価はF6でしかない。つまり、信頼性を判断できない情報源がもたらした信憑性を判断できない情報なのだ。これではいかにショッキングでも、センセーショナルでも、少し長い解説を交えないと記事にできない。

解説しなければならないのは、なぜこのような信頼性に欠ける情報が残され、しかも極東司令部のCICからCIAへ資料として引き継がれたのかということだ。虚偽情報ならば廃棄してしまえばよさそうなものだ。CIAがそうしなかった理由は、通信社の短信や新聞の狭いスペースでは十分説明できないものだった。

ここまでに述べた事実を踏まえて考えると、CIAがこの確度の低い情報を破棄しなかったのは次のような理由によるものだった。

クーデター情報は、これまで述べたように吉田首相と服部の関係が極めて険悪になったときに出てきた。しかも、この情報は辻と児玉も言及していた。実際、このクーデターの情報は、児玉誉士夫ファイルからも辻政信ファイルからも出てくる。

辻と児玉が関係するとなぜ無視できなくなるのかといえば、この情報自体は、虚偽であっても、辻・児玉と服部が組めば、クーデターを起こすことは十分可能だからだ。つまり、五二年一〇月三一日付のクーデターの情報は虚偽であっても、彼らが別の機会にクーデターや暗殺事件を起こすことはありえたのだ。

事実、前に見たように、「服部クーデター計画」についての二番目の報告書には、広川弘禅暗殺計画が言及され、暗殺者の名前まであがっていた。服部や児玉や辻はたとえ計画しているのがクーデターではなくても、絶対マークしなければならない危険人物だったのだ。

われら立つべき時がきた

辻たちが厄介なのは、その背後に三浦義一など資金も力もある大物右翼が控えていたからだ。これに先立つことおよそ二年前の五〇年九月二〇日の衆議院法務委員会で社会党の猪俣浩三議員が法務総裁の大橋武夫にこのように質している。

朝鮮事変以来どうも何となく世間の風潮が、また終戦前のような空気が漂っているような感じをわれわれは持つのでありまして、ことに昨日も申しましたが、いわゆる辻参謀の名をもって聞えております辻政信だとか、あるいは海軍中将でありました小林省三郎だとかその他今申しました三浦義一氏だとかいうような一派が、どうも最近猛烈に活動をやっているのじゃないか。これは昨日も特審局長に言ったのでありますが、新潟県下におきまして最大の発行部数を持っております新潟日報の紙上に、この辻政信が朝鮮事変前に現われて、士官学校の卒業生を全部集めて、われら立つべき時が来たというような演説をやったということもあるのであります。かような人物、これこそ国家を破壊すべき重大なる人物であると思うのでありますが、かような人物に対しての特審局の調査、監督ということが、どうも手ぬるいのじゃないか。かような右翼の浪人、その他の軍人上りの連中の動向に対していかなる関心を持ってこれを指導されておるか、法務総裁の御決心のほどを承りたいと思うのであります。

この質問にもあるように、辻ら旧軍人の背後に三浦義一のような右翼も見え隠れする場合もあった。児玉と関係が深い三浦は、この日と前日の法務委員会では、日本発送電との関係を追及されている。日本発送電とは三八年の国家総動員体制のとき全国の民間電力会社五社が合同して作られたもので、ＧＨＱはこれを九つに分割することを計画していた。このとき日本発送電とＧＨＱのあいだに入って調整役をつとめ巨額の交渉手数料を得たのが三浦だった。

三浦はこのとき得た巨額の資金とＧＨＱと経済界に対するコネとをもとに、こののち政界工作を行ったという。

旧軍人だけでも十分厄介だったが、そのうえ巨額の軍資金を持ち、政界にも影響力のある大物の右翼主義者が絡んでくるといよいよ事態を深刻に受け止めざるをえなかった。児玉は大量の隠匿物資を蓄えていて、巨額の資金を動かすことができ、かつ中国、韓国、台湾にいまだに太いパイプを持っていた。なにより与党自由党の産みの親であり、パトロンだった。

しかも、彼は服部以上に危険と見られている辻と繋がっていた。

陸軍少将田中隆吉（陸軍省兵務局長）は、『裁かれる歴史』のなかで、日米開戦を避けるために近衛文麿首相がフランクリン・デラノ・ルーズヴェルトとの会談に臨もうとしたとき、児玉に一トンの爆弾を与えて近衛文麿を暗殺せよと命じたのは辻だったと述べている。辻は南京にいたときに、自らの東亜連盟の活動に児玉を引き入れた。辻が中国国民党によって日本に送り込まれたとき、児玉が彼を自宅にかくまったのはこのためだった。この辻は、前に見たように、大本営参謀本部時代に服部、田中新一とトリオを組んでいた。

つまり、服部、児玉、辻は戦前、戦中、戦後を通じて強い結びつきをもっていたのだ。服部が辻、児玉と呼応すれば、政府転覆とはいかないまでも、かなり大きな騒動を起こす可能性は大きかった。特に辻と児玉は、「日本義勇軍」で軍事行動に従事していた。

クーデター情報の真の狙い

このクーデター情報でもう一つ注目すべきは、その情報源と報告書があがってきた日付だ。もともとの報告書は極東司令部のＣＩＣのもので、その日付は五二年一〇月三一日となっている。情報源は中国人元将校とされている。実はこの情報源と日付は多くのことを語っている。

報告書は情報源を中国人元将校としているが、この将校が辻と関係があったことは明らかだ。さもなければ、「第三軍とコンタクトを持ち、中国に駐屯した日本陸軍の将校とも広くコンタクトを持つ」ことは不可能だからだ。

辻の『潜行三千里』によると、辻は日本に帰国する前、中国国民党国防部の参謀になっていた。この中国人の情報源はこのような関係から辻と接触するようになったのだろう。辻もそれを承知でこの情報源に情報を与えていたと考えられる。

日付に関していえば、一〇月三一日は大きな意味を持っている。

吉田がこの二日前に辰巳栄一に宛てた手紙が『吉田茂書翰』に残っている。そのなかで、吉田は、自分が保安庁長官を兼務しようと思っていたが、これもきつそうなので木村篤太郎に任せようと思うと述べている。保安隊の発足は一〇月一五日だ。

これらを総合すると、「中国人元将校」が流したこの服部クーデターの情報は、辻があえて流させたものだと考えられる。つまり、これは五〇年の警察予備隊のときに続いて、今回も「服部兵団」を締め出そうとしている吉田に対する辻（そして服部）の脅しだったといえる。

辻は中国人将校の情報源を通じてCICにこのような情報を流せば、必ずやそれが吉田に伝わり、彼になんらかのインパクトを与えると思ったのだろう。

もとより、辻、児玉、服部、「服部兵団」も、服部や辻が制服組のトップになる可能性が大きいとは思っていなかっただろう。だが、警察予備隊が拡大されて保安隊になるのだから、「服部兵団」のメンバーを多く迎え入れてしかるべきだと考えていた。

この情報は服部がクーデターの動きを見せたのは五二年七月初めだとしているが、保安隊への改編を決めた保安庁法が成立したのは同年七月三一日だ。つまり、このころには保安隊の陣容が固まりつつあったのだ。

この当時の朝日新聞や読売新聞の報道によれば、服部兵団だけでなく、「浪人」していた旧軍人のグループがわれこそは保安隊の中核ならんと名乗りを挙げていた。そのなかのあるグループの者は採用され、あるグループの者は漏れた。漏れたものは当然不満を持った。

しかし、彼らが本気で服部や辻を担いでクーデターを起こし、吉田を暗殺しようと考えたかといえば、それはあり得ないと言える。服部も辻もG－2と関係を持っていたので、彼らの部下たちやその活動などについてもアメリカ側に知られてしまっている。手の内がすっかり読まれているといっていい。事実、前に見たような詳細な報告書がいくつもCICにあがっていた。

それに、占領が終わって、一区切りつこうとしているときに、アメリカ側も服部たちも日本に内乱が起こることは望まない。そんなことになれば占領がまた始まってしまう。

また、二番目の報告書（九八頁）の中で辻も言っているように、服部や辻にとって、撃つべきは社会党など左派勢力であって、吉田など保守勢力ではない。吉田政権を武力で打倒し、日本に混乱が起きて喜ぶのはソ連と中国だ。

それに、わざわざクーデターを起こすまでもなく、吉田政権は先が見えていた。吉田は講和条約が成立したら政権を鳩山に譲るというのが大方の見方だった（HA, 51, 5, 11）。吉田が政権の座を降りるのはそれほど遠い先のことではないと思われていた。

服部や辻がクーデター・吉田暗殺を本気で考えるなどありえない。やはり、これは服部バッシングをエスカレートさせる吉田の心胆を寒からしめて溜飲を下げたということだろう。

服部は歴史の表舞台を去っていった

この後の服部を待っていたのは、河辺や有末と同じ運命だった。サンフランシスコ講和条約が成立し、占領が終結すると、G-2はもはや予算はないとして、服部機関に対する資金提供を打ち切った。

五三年一二月一〇日の服部の活動についての報告書によれば、服部機関は五二年には資金不足から活動を停止した。服部は五二年五月から一二月まで、名目上復員局資料整理課長になっていたが、彼はこのポストも去った。

その後、下村定、田中新一などと「史実研究所」を設立した。これは日本の国防について研究する機関で、服部はその運営に自分の著作物からの収入と寄付金とをあて、研究成果を内閣総理大臣官房調査室に提出するとしている。ということは、この政府内部局の外郭団体ということだ。

五三年一月ないし二月には、服部は河辺機関と関係を断ち切った(HA, 53, 9, 13)。

その後、吉田政権が崩壊し、鳩山政権が成立したあとの五六年、服部を国防会議の参事官にする話がでた。吉田政権ではバッシングされた服部と辻は、鳩山政権では軍事顧問に収まっていた。

ところが、いざ国防会議が開催されることになったとき、不適格な参事官がいるとして、開催が延期になった。社会党系の国会議員が、かつて大本営の中枢にいて日本を戦争に引きずり込んだ人間が国防会議に入るのは望ましくないと主張した。この問題は五六年一一月一九日の参議院本会議でも問題として取り上げられた。

しかし、政治の世界では、鳩山を始めとして公職追放になった政治家が復帰しており、辻も含めた戦争犯罪容疑者さえ国会議員になっていた。自衛隊にも、公職追放を解除して入隊させた旧日本軍の軍人たちが数多くいた。この期に及んで、東條の秘書官だったからといって差別して国防会議から締め出すのもおかしな話だ。

それに、これまで見てきたことからもわかるように、服部は実質的には保安隊、そして現在の陸上自衛隊の「父」なのだ。

おそらく、異論を出したのが、この社会党系議員だけなら、服部は参事官になれたのかもしれない。だが、異論は旧陸軍軍人からも、旧海軍軍人からさえもでた。そして、またしても増原が国防会議事務局長の廣岡謙二を動かして服部の参事官就任に反対させていた(HA, 56, 9, 24)。

新聞報道によると「旧陸海軍の確執が深まった」結果、服部の参事官就任は見送られた。その後、このような話は二度と出なかった。そして服部は六〇年四月三〇日、波乱に満ちた五九年の生涯を閉じた。

第五章　変節しなかったトリプル・エージェント――辰巳栄一ファイル

辰巳はなぜコードネームを持ったのか

辰巳はCIAからpolestar-5というコードネームを与えられている。この事実はCIA文書のコードネーム表に「polestar-5　Tatsumi Eiichi」と出てくるから否定できない。

CIAは関係したすべての人間や組織にコードネームを付けるわけではない。付けるのは工作の対象や、工作に関わった機関や人間だけで、そうでない場合は実名を使っている。辰巳も実名で言及されるほうが圧倒的に多い。

従って、辰巳はある時期にCIAの工作の対象だったか、工作に使われた人間だったということになる。実際には、辰巳の場合は工作の対象ではなく、それに協力した人間だった。だが、後で詳しく述べるように、いわゆるCIAのエージェントではなかった。

このコードネームが消されずにはっきり残っているのは、五六年から五七年のCIA

文書だ。それによると、CIAは五六年に日本の内閣総理大臣官房調査室（以後、官房調査室とする）に共同の対中国工作を申し入れている。この時CIAが迷わず協力者として選んだのが辰巳栄一だった。辰巳を五六年一一月二六日付のメモランダム（以下この章で使用するCIA文書は特に断りがない限り辰巳ファイルから）はこう評している。

この辰巳についていえば、今日CIAが日本で使う人間として、最高で、もっとも安全で、もっとも有用な人間の一人であることを示す証拠がたくさんG-2・極東司令部ファイルから得られると確信している。

事実、辰巳は五六年に官房調査室とCIAのために秘密工作をアレンジした。そして、現地で情報提供者と接触させるために、S・K（原文実名）とT・Y（原文実名）が香港とマカオに送られたと記録されている。

さて、辰巳はいつから、官房調査室や内閣官房調査室（五七年官房調査室を改組して設置、以後内閣調査室とする）やCIAと関わるようになったのだろうか。また、なぜ関わるようになったのだろうか。

辰巳栄一（1895〜1988）

佐賀県出身。1915年陸軍士官学校卒業、1925年陸軍大学校卒業、1928年山東出兵の参謀、その後イギリス大使館付武官となり当時大使だった吉田茂の知己を得る。1945年３月中国に出征し、終戦を迎える。辰巳機関を組織する一方で戦後は吉田の軍事顧問に。

前述のＣＩＡの辰巳評は、彼とアメリカの情報機関との関係が占領時代にまでさかのぼることをうかがわせる。

このようなアメリカの情報機関と関わることで、辰巳は吉田や日本を裏切ったのだろうか。仮にそうだとすれば、その動機は何だったのだろうか。

この章では、辰巳が戦後をどのように生きてきたのか、なにを考え、なにを目指してきたのかを見ることにする。その戦後の半生に、Ｇ‐２とＣＩＡなどアメリカの情報機関がどのように関わっていたのかも明らかにしよう。

辰巳はなぜ優先的に帰国できたのか

辰巳は第三師団長という立場だったにもかかわらず、終戦直後の四六年、中国からいち早く帰国している。その経緯を『服部卓四郎と辻政信』の中で高山信武のインタヴューに答える形でこう述べている。

私は湯恩伯《とうおんはく》将軍と、土居明夫中将の格別な計らいによって、一般より早く復員帰還することができた。土居氏は私の参謀本部第二部時代の同僚でもあり、私に対する友情には今なお感謝している。同時に彼は参謀本部作戦課長として、服部の前任者であり、上司でもあった関係もあって、湯恩伯将軍に要請しその援助をうけ、服部を早期に内地に帰還せしめるようとり計らった。かくして私と服部は、時を同じくして早期の船便で内地に帰航したのである。

本人が語るとこのようにオブラートに包まれたものになるが、五六年一二月二六日にＣＩＡが作成した辰巳の略歴は、この帰国の事情を次のように客観的に記している。

終戦のとき第三師団長だった辰巳栄一は上海に移送された。中国に拘留されるのを避けるため、彼は中国国民党に情報を提供するネットワークを指揮することに同意し、土居を引き込んだ。

国防部（中国国民党）第二庁に二つの「対ソ連グループ」が置かれることになっ

た。一つは上海に本部が置かれ、土居明夫が指揮するもの。もう一つは東京の中国国民党代表部（Chinese Mission）の下に置かれ辰巳が指揮するもの。このような取り決めのもとで辰巳は四六年六月（実際は五月）に日本に帰国し、その年の一〇月に王丕承が中国（国民党の）代表部に加わった。（中略）

辰巳は日本に着くと土居がインテリジェンス工作員として推薦した日本人とコンタクトをとり始めた。これらの日本人は（ここに、七人の日本人の実名が入る）である。中国国民党国防部第二庁のために働いていたので、彼は謝南光とも接触していただろう。

これらの記述は、辰巳たちの帰国にまつわる三つの重要な事実を明らかにしている。一つは、中国国民党から見るならば、辰巳は帰国したのではなく、国防部の対ソ連インテリジェンス網を作るために日本に送り込まれたのだということ。

辰巳にこれを受け入れるよう説得したのは、汪兆銘《おうちょうめい》政権の中枢にいた幹部だったと別の報告書（TA. 52. 3. 26）にでてくる。これが、第三師団長が、戦争犯罪容疑者として拘留されることもなく、多くの部下に先立って日本に帰り着いた理由だった。

もう一つは、そこにかつて大本営参謀本部作戦課長だった土居が関係していたということ。土居は始め上海にいたが、のちに南京に移り、中国に残留している旧陸軍軍人を使って対ソ連インテリジェンス網を作ることに従事し、かつ中国国民党と東京の中国代表部と辰巳のあいだのパイプ役となった。

後で明らかにするが、土居はこののち日本に帰国し、辰巳と一緒に活動する。そして、土居が国防部からいなくなったあと、彼のポストに就いたのが、辻だった。

三つ目は、これら二人と服部との関係だ。最初の辰巳の発言の引用から、服部もまた同じような状況のもとに置かれ、少なくとも辰巳と同じ船で帰還したことがわかる。

とすれば、服部もまた湯恩伯や中国国民党国防部と何らかの取引をしたのだろうか。それについては、この辰巳ファイルにも服部ファイルにも記述がない。そのため、これは中国国民党幹部の「以徳報怨」的温情だとナイーヴに解釈するか、記述がなくても、何らかの取引があったとリアリスティックに解釈するか断定はできない。

筆者は、これまで見てきたように、服部はGHQの歴史課や特殊インテリジェンス班やKATO機関や再軍備の動きなどで辰巳と行動を共にしているので、わざわざ彼が中国国民党側に対ソ連情報を渡すまでもなく、辰巳を通じて流れていたと考える。つまり、中国国民党国防部からみて、辰巳と土居と服部はワンセットなのだ。彼らはこのように考えて、服部にも帰還を許したと考える。

いずれにしても、この二人が「影の部分」で繋がっているという事実は、この後の二人の行動を理解するうえで役に立つ。

このような辰巳の裏の事情を知ってか知らずか、前述の通り、吉田茂は帰国したばかりの辰巳を自らの軍事顧問に起用した。「軍事顧問」といっても、始めのころはメッセンジャー・ボーイ程度の存在だった。それでも、中国国民党国防部から見れば、辰巳は大変な「奇貨」だったことになる。自分たちの影響が及ぶ人物が、日本の総理大臣の顧問となったのだから。

吉田の軍事顧問のまま河辺機関の幹部に

吉田は辰巳を重用したとよく言われる。吉田の周囲にあまたの軍事顧問がいる中で、辰巳を特に引き立てたということではないだろう。吉田は、旧陸軍と衝突してきた経歴から、旧陸軍幹部が嫌いだった。だから、彼らのほうも吉田のそばには寄ってこない。

その中で唯一例外だったのが辰巳だったのだろう。だから、多くの軍事顧問のなかで辰巳だけを用いたというのではなく、彼としかコミュニケーションが成り立たないので、必要なときはもっぱら辰巳を用いたというのが実態だと考える。少なくとも、当初の実態は、「軍事顧問」とはいえないものだっただろう。

CIA文書は吉田と辰巳の結びつきについて、次のような話も紹介している。四七年から四八年にかけて、辰巳の部下が戦争犯罪者として裁判にかけられた。この部下の戦争犯罪は、上官である辰巳に及ぶ可能性が大だった。そこで、吉田は辰巳にそのことをウィロビーに相談するようにいった。辰巳はその通りにして事なきを得た。

これによって吉田とウィロビーは辰巳にとって命の恩人となった。また、二人も辰巳がそのように感じているはずだと思って彼をしばしば使ったのだろう。

しかし問題は中国国民党と深い関係にある人物が、このような立場にあっていいのかという点である。国民党との関係は、この頃どうなっていたのだろうか。

CIA文書は中国国民党のための辰巳のインテリジェンス活動は「さまざまな理由によって」うまくいかなかったと報告している。「さまざまな理由」の主なものは、駐日代表部の幹部の腐敗だった。この結果、四七年には駐日代表部のなかのインテリジェンス部門は解体されたという（TA, 52, 3, 26）。

そのためか、辰巳のインテリジェンス活動を助けるべく、土居が密航によって四八年日本に帰還し、辰巳のもとに身を寄せた。なぜ、密航という形をとったのかは『続重光葵手記』収録の五一年五月一三日付日記を読めばわかる。

土居は重光が駐ソ連大使だったときの大使館付武官だった。その後も大本営参謀本部ロシア課長、関東軍情報部長を歴任している。このためソ連は対ソ連インテリジェンスのエキスパートである土居に目をつけていて、戦争犯罪者に指定するようアメリカ側に要求していた。土居が日本に帰っていることがソ連側に知られれば、厄介なことになることが予想されたのだ。

この土居の身代わりなのかどうか、中国国民党は辰巳に、「ソ連の使う暗号解読の専門家が欲しい」と言ってきた。辰巳は部下と相談して大久保俊次郎を送った（TA, 52, 3, 26）。

大久保は関東軍特殊情報部長だった男で、二九年にポーランドへ派遣されて対ソ暗号解読を学んだこの分野の草分け的存在だった。

これによって、辰巳や土居の中国国民党に対する恩義はまったく消えたわけではないが、前よりはかなり自由になった。

辰巳が四七年になってから河辺機関に参加しているのは、この駐日中国国民党代表部のインテリジェンス部門解体のことがあったからかもしれない。土居も、復員庁には届出ず、密入国の状態のまま、この機関の工作に携わった。

前にも見たように、河辺機関は反共産主義的治安維持組織を指向するものとはいえ、吉田が嫌悪する旧日本陸軍の幹部が作ったものだった。辰巳が吉田に重用されて忠誠心を持っていたとすれば、この機関への参加は吉田に対する裏切りだといえる。

あるいは、吉田がこの機関の動向についての情報を得ることを期待して、辰巳を送り込んだとすれば、それは彼を信頼して自分の組織に引き入れてくれた河辺に対する背信行為になる。

辰巳はどちらに強い忠誠心を持っていたのだろうか。妥当な答えは、どちらにも一〇〇パーセント忠誠を誓ったわけではないが、吉田よりは河辺機関の関係者の考えに共鳴する部分が多く、従ってより強い忠誠心を持っていたということだろう。

実際、五一年三月に、辰巳は河辺と一緒になって再軍備計画を吉田に提案している。そして、吉田はこのときは全面的に彼らの計画を受け入れている（TA, 51, 6, 5）。

これがウィロビーの離日後に反故にされると、辰巳は野村吉三郎と共に吉田に国防力の拡充・強化を迫っている（TA, 51, 12, 14）。とはいえ、辰巳はもっぱら河辺側に立って、吉田に働きかけ、吉田側の情報を河辺側に流していたわけではない。そんなことをすれば、吉田とのラインは切れてしまうからだ。

辰巳はその時の状況によって、どちらの側にも働き掛けただろうし、どちらの情報も他方に流していただろう。それによって吉田側近として、河辺機関のメンバーとしての自分の地位を維持しなければならないからだ。このことは、当然、河辺だけでなく、吉田もわかっていたはずだ。双方ともそれをある程度承知で辰巳を使ったということだ。

KATO機関でMATSU工作を担当

四八年の河辺機関とG-2の連携以降、辰巳はG-2とも結びつくことになった。これによって土居もKATO機関の一員となったとみられる。

そこで、辰巳はウィロビーに働きかけて土居を正式な復員者にした。四九年一二月、晴れて土居は人目をはばからず家族と生活ができるようになった。

このような経緯から、ウィロビーは辰巳や土居の中国国民党国防部との関連を知っていた可能性が高い。知っていながら、あるいは、知っていたからこそ、使ったのかもしれない。

このの ち土居は大陸問題研究所という民間団体に属し、河辺機関やG‐2のために、シベリアや満州からの引揚者からこれらの地域についての情報を集めている。もちろん、この民間団体の運営に関わる仕事もした。緒方竹虎が新情報機関を創設しようとしたとき、この団体は準備機関の役割を果たした。

さて、辰巳のことに話を戻すと、彼は有末と服部のようにGHQの歴史課には入らなかったようだ。だが、この二人と共に特殊インテリジェンス班に入った。ここで、帰国の船に一緒に乗った服部と再び接触することとなった。

さらに、辰巳がKATO機関で秘密工作に関わっていたことも文書に残っている。四九年六月(日付は入っていない)に辰巳を使ったある工作に実施許可がでている。これは「本人に知らせたうえで使う(witting use)」とあるので、知らないうちに使われたのではなく、本人も承知で工作に加わったということだ。工作の内容は明らかにされていないが、TAKEMATSU工作の一つだったことは時期から見て疑う余地がない。

辰巳が配置されていたKATO機関の東京支部に関する記述が、五〇年七月三日付の「GHQ、G‐2による秘密部署の設置」という文書にある。これによれば、辰巳は板橋の旧造兵廠に秘密の部署を作り、その警備員として二〇人を募集したところ、約五〇〇人の応募があったという。応募者は五四ものテストを受けたあとで、最終的に二〇人に絞られた。給料と制服と食事はGHQが支給したが、辰巳とG‐2の将校は、警備員にそれらがGHQから出ていることを口外しないように命じた。

二〇人の枠に対して約五〇〇人もの応募者が殺到したのを見て、辰巳は旧軍人たちがいかに生活に困窮し、仕事をいかに渇望していたかを胸に深く刻んだ。

この秘密の部署とは、河辺機関・G‐2合同の特殊インテリジェンス班であり、KATO機関東京支部だったと考えられる。これは、吉原が『謀略列島』で述べていた板橋の旧陸軍造兵廠に陣取った「NYKグループ」と重なるか、少なくとも関係があったと考えられる。いずれにしてもこの機関はこのあと、陸隣会（NYKグループの後継組織）、官房調査室にも結びついていく。

こうして、G‐2と結びつき、KATO機関の東京支部長として秘密工作に従事することによって、辰巳のアイデンティティーはさらに複雑になったと言える。

辰巳は、吉田と河辺機関との二股に加えて、G‐2との三股をかけることになり、これら三者のあいだを泳ぎ回るトリプル・エージェントということになった。しかも、中国国民党との関係も完全に切れたわけではなく、関係者との接触はしばらく続いていたのだ。

しかしながら、この頃の辰巳の行動をみると、彼が吉田に対しあまり忠誠心を持っていなかったことは確かだ。忠誠を誓っていたなら、河辺機関に入り込むまではいいとして、さらにG-2の特殊インテリジェンス班に入り、KATO機関の東京支部長として実際に部下を使ってTAKEMATSU工作をすることまではしないだろう。

やはり辰巳の本質は軍人だったということだろう。吉田とGHQのあいだでメッセンジャー・ボーイをするよりも、インテリジェンスを研究し、再軍備を計画し、それを実践することに生甲斐を感じていたのだ。

辰巳は服部と仲が悪くなかった

辰巳の心が吉田の側ではなく、河辺たちの側にあったのだということは、従来喧伝されてきた、警察予備隊や保安隊の創設をめぐっての服部と辰巳の対立の真相を理解するうえでも役に立つ。

これまで、辰巳は吉田の側に立って、服部の出す案や人選を却下したということが通説とされてきた。そして、このことから辰巳と服部の不仲説が唱えられてきた。

しかし、中国を出たときの秘密を共有し、G‐2とも表に出したくない関係を結んでいたこの二人が本気で対決するだろうか。暴露合戦を始めれば互いに身の破滅だということは両者ともよく承知していただろう。

実際、五一年一一月六日付文書によれば、辰巳は大本営参謀本部支那課長だった晴気《はるけ》慶胤《よしたね》に次のように話している。

服部はさまざまな中傷にさらされているが、私心も野心もない。彼は自分のグループに新しい軍隊を独占させるつもりはまったくない。もし、権限を与えられるなら、彼は下村定を幕僚長に選ぶだろう。世間の注目が自分たちに集まっているので、私（辰巳）はできるだけ服部と会わないようにしている。だが、用事で会わなければならないときは、夜こっそりと彼の自宅を訪ねている。

辰巳は服部に私心がないこと、自分が幕僚長になろうとか、部下を幹部にしようとかというつもりはないことをＣＩＣの情報提供者になっている晴気に述べている。しかも、人目につかないよう密かに会っているし、またそのようにいつでも会えたともほのめか

している。

同年一〇月一六日付報告書では吉田が服部に持っている悪感情を辰巳が一生懸命変えようと努力していると出てくる。五三年になっても、一般にマスコミで伝えられているのとは違って、辰巳と服部は非常に仲がいいと同年一二月一〇日付報告書は述べている。この報告書はまた辰巳に服部とかかわりを持つなと命じているのは、吉田であって、辰巳自身は服部に悪感情は一切もっていないとも述べている。

これらはこれまでの服部・辰巳不仲説を覆すものだ。

服部案と辰巳案はそれほど違いがなかった

もうひとつ改められるべきは、「吉田は服部の再軍備案をすべてはねつける一方で、辰巳が持ってきた案にはＯＫを出した」という定説だ。

ＣＩＡ文書が示す事実はもう少し複雑だ。前の章で述べたように、吉田はウィロビーが日本にいたときは、ウィロビーのもとで服部が作った案に賛成していた。

河辺と辰巳も自分たちの国防計画を吉田に提出していたが、こちらはその内容が明らかになっていない。だが、彼らは服部と共にＧ‐２の特殊インテリジェンス班にいたのだから、彼らの案は服部案とそれほど違うものではなかっただろう。
ところが、ウィロビーが日本を去ると、吉田は手のひらを返して、彼らの案を却下した。にもかかわらず、そのあと辰巳が増原と協議して出した案とは、実は服部の原案をベースにしたものだった。五二年四月一三日付文書はこのような事実を明らかにしている。

一九五一年八月、警察予備隊が佐官クラスの隊員の募集を始めたとき、辰巳は増原恵吉に候補者のリストを提出した。そのリストは服部卓四郎と美山要蔵が作ったものだった。

前に触れたように服部はウィロビーがいたときに国防軍幹部四〇〇人の名簿を作成していた。だが、ウィロビーがいなくなったために、この名簿を使わず、当時服部が所属していた復員局（厚生省）の美山と共に、復員者のなかから警察予備隊の幹部にふさわしい人材を推薦するという形にした。
この復員局の推薦者リストを美山が辰巳に渡し、それを辰巳が受け取り、それを参考として辰巳が人事案を作った。この作業にあたって辰巳は細田熙、高山信武、宮野正年の三人をアドヴァイザーとした。彼の専門はインテリジェンスであって、服部のように作戦や部隊編成ではなかったからだ。

前述文書によれば、細田は部隊編成と兵員動員、高山は防空体制と施設補強、宮野は兵員の訓練と教育を専門としていた。前の章でも見たが、これら三人は保安大学校の教官にも起用されている。

その結果でてきた辰巳案は、服部案とその改訂版の復員局案に近かった。つまり、服部リストに入っていた人間が辰巳リストにも多く残っていた。優秀な人材というのはいつの時代にも多くはないので、服部の作為がなくても同じ結果になっただろう。

辰巳はこの人事案を増原に提出した。吉田および増原は、服部とウィロビーが作った人事案には猛烈に反対したが、辰巳がまとめた案には賛成せざるを得なかった。

服部リストの四〇〇人には優秀な人材が多く入っているので、彼らを警察予備隊幹部候補者から排除することは現実的ではない。要は服部案でなければいいので、中身が似ていても辰巳案として出されるならばいいということだ。

それでも、吉田の側近の岡崎勝男（当時外務大臣）や白洲次郎などは、この服部案と辰巳案が重なることを問題視した。服部により強い反感を持っていて、より否定的だったのは、実は吉田よりも彼の側近だったようだ（TA, 52, 3, 14 : 52, 5, 20）。最終的に辰巳案に基づいて追放解除者リストが作られ、辰巳らによって追放解除の審査が行われ、旧日本軍の軍人が警察予備隊の幹部に採用された。やがて警察予備隊は保安隊になるので、彼らは保安隊の幹部になった。

結果としてみると、辰巳のしたことは、吉田の側に立って服部案を全否定することではなく、服部の側に立って、吉田との妥協点を探し、それを踏まえて服部案を修正し、活かすことだったことになる。実際、辰巳の意図としてもそういうことだったのだろう。ということは、やはり現在の陸上自衛隊の産みの親は服部で、辰巳はいわば産婆だったことになる。

辰巳、吉田を裏切る

こういったこともあったためか、辰巳は吉田が再軍備に関して行った世論調査の結果をアメリカ側に漏らしている（TA, 52, 10, 24）。

これは吉田が来るべき総選挙（五二年一〇月一日に行われることになる）の争点にし

ようと思って行ったものだった（TA, 51, 11, 3）。だが、この調査によれば、国民の約六〇パーセントが再軍備に賛成で、反対は約四〇パーセントという吉田にとっては意外な結果が出た。だから吉田はこの調査結果を隠し、ダレスに対しては、「国民の支持が得られない」として再軍備を拒み続けていた。

この状況で、世論調査の結果をアメリカに暴露するのは、吉田に対する明らかな裏切り行為だった。だが、辰巳はこのような内部情報をダレスにもらすことで、服部の作った国防計画を吉田が呑まざるをえなくなるようにしたかったのだ。辰巳もまた服部と同じく、日本には単独でソ連の侵攻を退ける国防力が必要だと思っていた。

ただし、二人が相容れない部分もあった。

それは、警察予備隊と保安隊との連続性を認めるかどうかということだった。前章でも見たとおり、服部は両者を別物と考えていた。

五二年二月一日付報告書には「服部は、警察予備隊はあくまで治安維持隊で、保安隊は軍隊なので、両者は別のものとして作らなければならないと主張した。辰巳はこれに対し、警察予備隊を土台として保安隊を作ってもいいし、効率を考えるなら、そうすべきだと述べた」とある。

しかし、同報告書は、このような意見の違いがあるにもかかわらず、両者の関係は良好で、一緒に保安隊幹部の選考を行っていると記している。保安隊が創設されたあとも、辰巳は警察予備隊を土台にするとしても、保安隊の幕僚長になるのは服部しかいないと考えていたし、周囲の者にもそう漏らしていた。これは本心だろう。

にもかかわらず、辰巳の願いは実現しなかった。それは吉田の憎悪もさることながら、前にも述べたように、岩畔、土居、塚本（誠）、林など、ほかの機関の旧陸軍軍人たちも足を引っ張ったからだ。

五一年一〇月一九日のＣＩＡ報告書（服部ファイル）は、保安隊の中枢を担おうという旧軍人たちが互いの足を引っ張り合う様を、「まるでシチリア島のヴェンデッタ（復讐）やシカゴのギャングの戦争を見ているようだ」と面白がっている。

五二年三月二八日の文書のなかでも、情報源は、辰巳は服部を起用したいのだが、これに反対する旧陸軍関係者がたくさんの手紙をよこすのでできないと言っていたと報告している。

結局、吉田は警察予備隊や保安隊の創設において、河辺、有末、服部、下村など旧陸軍の幹部たちに意見は聞いたが、誰もその組織の長にはしなかった。

辰巳と官房調査室

警察予備隊、保安隊の創設と共に辰巳が関わった重要な機関は、官房調査室とその後身の内閣調査室だ。辰巳はもともとインテリジェンス畑出身だったので、これらの機関に対する彼の関心は高かった。

現在の内閣情報調査室の公式ウェブサイトの記述によれば、官房調査室は五二年の四月九日に設置されている。その後、五七年八月一日、第一次岸内閣のときに改組されて内閣調査室になっている。

この機関について書かれた代表的なものとして、吉原の『謀略列島』があるのだが、この著書では辰巳がこの機関の設立に果たした役割についてほとんど言及されていない。しかし、筆者の手元にあるＣＩＡ文書（とくに辰巳ファイル）をもとに判断するなら、辰巳がこのインテリジェンス機関の創設に果たした役割は決して小さくない。そもそも五一年七月二八日付報告書には、「辰巳が創設を予定されているインテリジェンス機関の長に内定している」と出てくるほどだ。

明らかにこのインテリジェンス機関とは、この後、官房調査室という形をとる機関のことを指している。ということは、吉田首相は辰巳に警察予備隊や保安隊ではなく、このインテリジェンス機関の長のポストを与えることによって、それまでの労苦に報いようと思っていたということだ。

さらに、辰巳は土居と共に、大陸問題研究所をカヴァーとして使ったインテリジェンス機関の準備をひそかに進めていた。その準備は五一年の夏には始まっていた。この大陸問題研究所が陸隣会、そして官房調査室（吉原は官房調査室と内閣調査室を区別していない）と内閣調査室に繋がっていったと考えられる。

五二年二月二七日付文書には、大陸問題研究所が新しく作られるインテリジェンス機関の準備をし、人材集めまでしていたと出てくる。これは辰巳と土居が吉田の意向を受けて動いていたことを示している。そうでなければ人材集めまではできないからだ。

辰巳、土居という人脈の流れで考えれば、辻や河辺もこのインテリジェンス機関創設に関わっていたことは明らかだ。事実、河辺はともかく、辻はのちにこの官房調査室および内閣調査室に大きく関わってくる。これについては次の章で詳しくみることになる。

辰巳に話を戻すと、吉田は辰巳と土居にインテリジェンス機関を準備させたにもかかわらず、再軍備のときと同じように、いざ設立というときになってダメ出しをしている。

五二年四月四日の報告書では、吉田は心変わりして、まず保安隊のことを先にして、インテリジェンス機関は後回しにすると述べている。

しかし、実際には、吉田の権限で、その直後の四月九日に官房調査室が設置されている。室長に任命されたのは内務官僚出身で、吉田の秘書官を務めていた村井順だった。つまり、本格的インテリジェンス機関ではなく、まず総理大臣の秘書室のようなものを作っておいて、準備が整い、必要性が高まったら、次の段階でこの組織を拡張するか、さもなければ別組織を立ち上げてインテリジェンス機能を強化していこうということだ。警察予備隊と同じようにしようと吉田は考えたのだろう。

事実、五二年九月一九日の報告書では、新しいインテリジェンス機関を作ろうとしているのだが、内閣官房長官の保利茂、外務大臣の岡崎勝男、保安庁次長の増原恵吉などが総選挙の準備のために忙しくてできずにいると出てくる。一〇月一日の総選挙が迫っていたので忙しかったのは確かである。

新インテリジェンス機関構想と緒方の登場

この報告書の作成者に情報を提供したのは辰巳なのだが、彼はさらに興味深いことを語っている。村井が、「自分の組織が、計画されているインテリジェンス機関の中核になるべきだ」と主張しているというのだ。これに対して、辰巳は、「村井にはとうてい警察、公安、国防、外交にまたがる国家的インテリジェンス機関を作り、それを運営していく力量はない」と断定している。

辰巳のような参謀本部の出身者からすれば、吉田の秘書官ふぜいが、国防と外交にまでおよぶインテリジェンス機関のトップになるなど、思いもよらないことだった。

また、辰巳は「各国大使館に武官を配属してもらいたい。武官は旧日本軍で大将級だった軍人を充てるといい」と提案してもいる。インテリジェンス機関とは、少なくとも軍と大使館をネットワークに納めるものでなければならないということは、辰巳にとっては当然のことだった。

同年一一月になると、官房長官の緒方竹虎が「新情報機関」構想を打ち出してきた。彼は一〇月の衆議院選挙で福岡一区から当選を果たしたばかりだった。一一月二二日付読売新聞によればこの「新情報機関」は次のようなものだった。

一、海外から放送発信されるラジオ、テレビ等を受信聴取してこれを収集、分析する。とりあえず当初の目標を毎日三、四十万語のラジオ聴取におく。なお国内の新聞、通信等はことごとく集める。
一、これには三百名内外の技術者と少数の優秀な指導者を置くが官庁のみからでは人材が得られないので民間報道機関など広く優秀な人材をもとめる。
一、合理的に科学技術の力を用いるから予算は多額を要しない。この機関は内閣直属とするが、戦時中の「情報局」復活と誤解される恐れがあるのでこれを公益法人とする。
一、日共秘密情報資料なども現在の国警（当時あった国家地方警察）、公安調査庁などとは別個に集め分析する。

「三百名内外の技術者」とあるが、これら新規募集の職員がみな海外放送の傍受と分析を担当すると考える必要はない。事実、実際に採用を始めた時にわかるのだが、海外放送の傍受というよりは、無線全般の傍受と暗号解読が主眼だった。そして、情報収集と分析に関しても「日共秘密情報資料」というより、広く情報を収集し、分析することを考えていたのだ。

海外放送の傍受記録もおそらくアメリカ側のＦＢＩＳ（Foreign Broadcast Information Service）に提供されたのだろう。これはＣＩＡのなかに設けられた海外放送を傍受し、記録する部局だ。

緒方は土居や辻や服部と警察予備隊創設の時からいろいろ話し合っていたので、このインテリジェンス機関構想も、彼らからの影響だろう。五一年一一月九日付報告書には、緒方がとくに土居と親密だという記述がでてくる。それに、Ｇ‐２・河辺機関の特殊インテリジェンス課にすでに次のような無線の傍受と暗号解読の班があったことに注目すべきだろう。

Ｇ‐２特殊インテリジェンス課　有末、辰巳、服部、

特殊インテリジェンス班（無線傍受、暗号解読）

ＭＡＴＳＵ　岡田

ＦＵＪＩ　晴気

ＵＭＥ　影佐

ＲＡＮ　和知

（HA, 51, 5, 11　戦時中UME、RANはあったがMATSU、FUJIはなかったので戦後のものと思われる）

緒方構想とは、要するに、G‐2なきあと、この裏の特殊インテリジェンス班を表の「公益法人」として存続させ、かつ国費を注ぎ込んで拡充しようというものだったといえば穿《うが》ち過ぎだろうか。ちなみにこの構想の予算案は一二月八日には衆議院予算委員会で、同月一五日には参議院予算委員会で、審議された。

アレン・ダレスの来日

この予算審議中の五二年一二月一五日、当時CIA副長官だったアレン・ダレスが来日し、二八日まで滞在している。

ダレスの来日の目的は朝鮮戦争で頭に重傷を負って横須賀の海軍病院に収容された一人息子アレン・メイシー・ダレスを看病するためだった。これはプリンストン大学所蔵のダレスの外交パスポートと個人書簡から確認できる。五三年一月二八日付の朝日新聞のコラムも前年末のCIA副長官の来日を報じている。

来日中の一二月二六日、ダレスは緒方、吉田、村井と官房調査室の拡張・改組のことを話しあっている（緒方ファイル、52, 12, 27）。とはいえ、一粒種の息子が生死の境をさまよっているときだったので、踏み込んだ議論はできなかったようだ。

それに、前にも述べたように、実際にアメリカ側が日本側にインテリジェンス機関を作れと圧力をかけたのは五二年末になってからではなく、それよりもかなり前からだ。

占領が終わったので、アメリカ側ではG－2が去ってCIAが取って代わるのだが、日本側では、河辺機関が活動を休止したのに、これに代わるパートナーがいない。

また、警察予備隊が保安隊になろうという段階になっても、国防に不可欠なインテリジェンス機関が存在しない。この状態は何かと日本側と提携していかなければならないアメリカ側にとって望ましくない。だから、五一年夏には辰巳のインテリジェンス機関のトップ起用が内定し、五二年春には大陸問題研究所というカヴァー機関が人材集めに入ったのだ。

つまり、緒方が選挙で当選し、官房長官に抜擢され、緒方構想を打ち出すかなり前から、CIAと提携していけるような機関を日本側に設立する動きは始まっていたということだ。むしろ緒方は彼らと連携して（選挙のために先送りされたのを見て）この機関の設立を強く主張したとさえ見ることができる。

このあと緒方は、五五年後半からはＣＩＡに「ポカポン（ＰＯＣＡＰＯＮ）」という暗号名で呼ばれるようになる。だがアレン・ダレスも、兄のジョン・フォスター・ダレスも、緒方の重要性を認識したのはこの頃ではなく、すでに五〇年には鳩山とならぶ再軍備推進派として注目していた。それはこれまでみたＣＩＡ文書が証明している通りだ。

このように、一二月二六日のダレス・吉田・緒方会談の意味は、これをきっかけにインテリジェンス機関設立の動きが起こったということでも、次期総理大臣候補者としての緒方の評価が高まったということでもない。

それは、再軍備促進と「新情報機関」創設の旗振り役の緒方が、アメリカ側の認知を受け、励ましを受けて、大いに勇気づけられたということだ。そして、吉田がそれまで以上に真剣にこれらの問題と取り組まなければいけなくなったということだ。

ソ連の浸透を受けていた官房調査室

翌年の五三年三月二七日の報告書には、官房調査室の拡張ではなく、中央情報機関（Central Japanese Intelligence Organization）が計画され、辰巳がその機関の通信傍受、暗号解読部門の人材集めを監督していると出てくる。この仕事を行うため、すでに前年の一二月五日に宮野正年が補佐役として付けられていた（TA, 52, 12, 5）。

吉田の辰巳に対する信任は依然として厚いので、官房調査室が旧日本軍から職員を採用するとき、辰巳がＯＫを出さなければ、その候補者を採用させなかったという（TA, 53, 3, 27 : 53, 9, 13）。表に名前は出てこないものの、おそらく吉田は辰巳を実質的に官房調査室のインテリジェンス部門のトップにしていたのだろう。

同年五月二一日付報告書には、「辰巳がソ連暗号解読班の班長として島内志剛を考慮している」とある。これは緒方が言及していた通信傍受と暗号解読部門がいよいよ立ち上がり、辰巳が職員の採用を始めたことを意味する。

これは緒方・ダレス会談の効果だろう。

ところが、これ以降、インテリジェンス機関作りはあまり進展しなくなる。その理由を推測できる話が、三田和夫の『赤い広場―霞ヶ関―山本ワシントン調書』の中に出てくる。それによれば官房調査室には、以前から内務官僚で吉田の秘書官だった村井と外務省の実力派だった曾野明との確執があったという。曾野は第三章でも見たように、有末機関にあって対共産主義国工作の調査部門を担当した外務官僚だ。従って、有末、河辺、辰巳、大陸問題研究所、陸隣会とコネクションを持っていたとみるべきだろう。

曾野の下には外務省随一のソ連通の日暮信則という部下がいたが、自分が官房調査室に入り、内務省出身の村井の風下に立つことになってしまったので、それをこころよしとしない彼は、日暮を自分の身代わりにして村井に仕えさせた。

驚くべきことに、この日暮がソ連の情報部のエージェントだったことが五四年一月のラストボロフ事件の時に判明する。ユーリー・ラストボロフ・ソ連代表部二等書記官は、実はソ連情報機関の将校だったのだが、アメリカに亡命した後、日本でのエージェントや協力者の名前を暴露し始めた。その名前のリストのなかに出てきたのが日暮だった。

国家機密を扱う官房調査室の職員となればこのことは放置できない。彼は警察に取り調べを受けたが、そのさなか五階にあった取調室の窓から飛び降り自殺してしまった。

この時疑惑として再浮上したのが、前年の五三年八月に起きた「村井闇ドル事件」だった。この時村井はMRA（Moral Re-Armament アメリカの社会改革運動団体）大会出席と偽って、西ドイツでアレン・ダレスと会おうとしたのだが、飛行機から降りるやいなやイギリスのMI6（アメリカのCIAにあたる）とおぼしき男二人に張り付かれ、予定した行動が取れなくなったという（実際には、これ以前に村井はダレスとの会談を果たしている）。

それどころか「腹巻の中に」三〇〇〇ドルを隠し持っていたために、衣服を切り裂かれて身体検査までされる辱めを受けたといわれている。一説では村井が隠しもっていたのは三〇〇〇ドルではなく、ダレスに見せるための内閣調査室案だったともされている。

いずれにせよ、官房調査室内部には深刻な対立があり、それを利用してソ連の情報機関が浸透し、ソ連ばかりかイギリスのような国にまで内部情報が流れていたということだ。そうでなければ、村井とダレスとの会合の情報がイギリスの情報部員とおぼしき二人組みに漏れるはずもなく、「村井闇ドル事件」も起こらなかったはずだ。

村井は五三年一二月一八日に更迭されてしまった。こんなありさまでは、危なくてとても新インテリジェンス機関の創設どころではない。だから、この動きはこれ以上進展しなくなったということだ。

五四年三月一〇日の報告書には、アジア問題研究所という民間研究所が、実は官房調査室の帰国者調査部門のカヴァーだということが暴露されている。だが、これによって官房調査室に、河辺機関にあったような帰国者を調査する部門が設けられたということがわかる。

問題はなぜ、アジア問題研究所をカヴァーにしたのかということだ。どうやら、吉田と緒方は、官房調査室の組織を拡大したり、新インテリジェンス機関を作ったりするのではなく、大陸問題研究所やアジア問題研究所のような外郭団体にインテリジェンス活動を委託し、官房調査室をこれらと連携させていくという方針をとったようだ。

戦後の日本では、大がかりで強力なインテリジェンス機関が出現するよりも、このような官房調査室を中心とするインテリジェンス連合体のほうが受け入れられやすいだろう。あるいは、吉田や緒方がそうなるようにいろいろ糸を操っていたのかもしれない。もっとも、政権末期でそれどころではなかったかもしれないが。

内閣調査室とＣＩＡの冷や汗

その吉田も、五四年末に緒方が引導を渡す形で、とうとう首相の座から引き摺り下ろされた。次に誕生した鳩山政権では、服部や辻は前よりも影響力を増したが、辰巳も政権が変わったからといって影響力をまったく失ってしまったわけではなかった。

吉田に取って代わった鳩山も、警察予備隊、保安隊、官房調査室の創設に関わった辰巳を無視するわけにはいかない。また、鳩山が軍事顧問とした土居や服部や辻を通じて辰巳の再軍備とインテリジェンス機関についての考え方も伝わっていただろう。

しかし、官房調査室に関していえば、当初は、何かと相談していたこの機関の幹部も、しだいに辰巳を煙たがるようになった（TA, 56, 11, 26）。内部の確執による室長更迭のトラウマは深刻だった。

新インテリジェンス機関の未来にとって致命的だったのは緒方を失ったことだった。CIAに暗号名で呼ばれるようになってまもない五六年一月二八日、緒方は急死してしまったのである。緒方は総理大臣候補者としても重要だが、日本の戦後のインテリジェンス機関の復活・発展にとっても鍵を握る人物だった。それは元内閣情報調査室長の大森義夫も『日本のインテリジェンス機関』で認めている。

この章の冒頭に触れたように、CIAが辰巳の官房調査室（そしてその後身の内閣調査室）に対する影響力を利用しようとしたのはこんなときだった。つまり、CIAも緒方コネクションを失って困っていたのだ。

ところが、辰巳を工作に使うために五六年に改めて彼の身辺調査をおこなったCIAは、驚愕すべき事実を見つけた。中国国民党駐日代表部にいた中国共産党のエージェント謝南光とのコネクションだ。

辰巳は土居と共に、四五年に来日した中国国民党駐日代表部第二組副組長の謝南光としばしば接触していた。この謝は東京高等師範学校に留学していたこともある日本通だが、もともと共産党員で五二年には中国本土に渡ってしまった。そののち全国人民代表大会常務委員にまでのぼりつめている。

ということは、辰巳が知り得た情報のある部分が謝を通じて中国共産党に漏洩してしまった可能性がある。辰巳は河辺機関、G-2、警察予備隊、保安隊、官房調査室に関係していたので、これは由々しきことだ。

CIAはG-2やCICなどが作成した辰巳に関するあらゆる報告書を集め、すべてチェックした。そのチェックリストが文書に残っている（TA.57.1.10）。まもなくCIAは、辰巳と謝との関係は五〇年までには終わっていたとするG-2の報告書を見つけて安堵する。五二年二月一一日の報告書でも、辰巳が中国国民党と関係しているという証拠は見られないとしている。そのような報告書を残していたということは、裏を返せば、ウィロビーは辰巳と中国人との関係に十分目配りしていたということだ。

CIAが辰巳と中国国民党との関係を問題にするのは、その中には謝のような中国共産党のスパイが複数いて、辰巳が国民党に渡した情報が共産党に筒抜けだったからだ。

しかし、思想に関していえば、辰巳は反共産主義、反ソ連で一貫していた。さまざまな勢力のあいだを泳ぎ回った二重・三重スパイのように見えるが、それは終戦からこのときまでの日本の状況がめまぐるしく変わり、そのつど彼がさまざまなしがらみから微妙な立場に立たされたからだ。

辰巳は吉田に忠誠を誓っていなかったように、CIAにも忠誠を誓っていたわけではなかった。彼が心から願っていることは、日本が大国として甦ること、それに相応しい独立した国防力とインテリジェンス機関を持つことで、この点で変節したことは一度もなかった。この願いにCIAが力を貸してくれるなら、その限りでこの機関に協力したというだけだ。

それは、アメリカ側の関係者もよく理解していた。だから、その彼が五〇年以降国民党であれ、共産党であれ、中国人との関係は切れていることを確認したのち、彼を工作に使うことを決めたのだ。

冒頭でも引用したように、辰巳はこの頃には「今日CIAが日本で使う人間として、最高で、もっとも安全で、もっとも有用な人間の一人」というアメリカ側の評価を確立していた。志ある人間は、ない人間よりも遥かに信じられるということだ。

この工作か、これと関連する工作かははっきりしないが、CIAはこの後、官房調査室と共同で日本共産党員S・KとT・Y（原文実名）を香港とマカオに送り込み、現地で情報提供者と接触させている。この二人のエージェントの人選にも辰巳は関わっていた（TA, 56, 3, 30 ; 56, 9, 27）。

官房調査室は五七年になってようやく内閣調査室に改組された。この年を最後に、辰巳はCIA文書に登場しなくなっている。すでに自衛隊も発足し、内閣調査室が省庁横断的なインテリジェンス機関に発展する見込みもなくなっていた。辰巳の出番はなくなっていたのだ。

九七年になって辰巳はCIA関係者のあいだで脚光を浴びる。スティーヴン・マーカドーというCIAのインテリジェンス史研究者が『インテリジェンス研究』に「日米開戦に反対した情報将校」という辰巳についての論文を発表したからだ。

この論文では辰巳はベルリンにいた岡本清福《きよとみ》と共にナチス・ドイツとイタリアの行く末について正確な情勢分析を東條に送ったのに、無視されてしまった悲劇の情報将校として描かれている。

CIA側の辰巳の評価は、戦前に関するものも、戦後に関するものも、現在でも高いということがわかる。

第六章　第三次世界大戦アメリカ必敗論を説いた男——辻政信ファイル

辻の失踪報道

略歴を見ていただければわかるが、辻政信の人生は波乱万丈である。またその毀《き》誉《よ》褒《ほう》貶《へん》も激しく、「最悪の愚将」と評されることすらあるのは、第一章に述べたとおりである。戦後ベストセラー作家となり、国会議員となったあとも、様々な爆弾発言などでマスコミの注目を集め続けた。

その辻が最後にマスコミの注目を浴びたのは、六一年春の東南アジア歴訪の時だった。このときがそれまでと違ったのは、過激な発言や秘密の暴露ではなく、彼自身の安否が話題になったことだ。現役の参議院議員、それもかなりの有名人が外国で行方不明になってしまったのだから大ニュースである。

当時は岸政権から池田政権へ変わったあとで、かつアイゼンハワー政権からケネディ政権への移行期であり、東南アジアに大きな変化があった時期でもあった。
生出寿《おいでひさし》の『「政治家」辻政信の最後』によれば、辻は元部下の朝枝《あさえだ》繁春に次のように語ったといわれる。

池田首相からね、「辻君、君は東南アジアにくわしいが、ひとつ現地へいって、ラオス、ベトナムなどの情況をつぶさに見てきてくれんかね。近く私はアメリカへゆくが、そのとき、君が肌で感じたことをまとめた所見をもとにして、ケネディ大統領に、東南アジア問題について提言したいと思うんだが」と言われてね、「喜んでゆきましょう」とこたえたんだ。しかし、絶好の機会だから、調査だけでなく、アジア人はアジア人を討たずという俺の思想を実現するために、ハノイまでゆき、ホー・チミン大統領に会って、南側と戦うことをやめるように説得しようと思う。英語やフランス語ができるお前を連れてゆきたいが、秘書の予算がない。今回は一人でゆくことにするよ。

辻はこう述べているのだが、池田首相の側は、本人が申し出たので、認めただけだと

辻政信（1902～不明）

石川県出身。1924年陸軍士官学校卒業、37年関東軍参謀、39年服部卓四郎と共にノモンハン事件作戦指揮。終戦後、帰国にまつわる体験談を50年『潜行三千里』として発表し、ベストセラーに。52年衆議院議員に当選、59年参議院議員に鞍替え。61年、東南アジアで失踪。

している。いずれにしても辻のラオス行きの扱いは、議員出張となっている。

文中にでてくる朝枝だが、この元陸軍中佐は、辻と同じく大本営参謀本部作戦課に勤め、対ソ連作戦を担当していた。関東軍の参謀だったときには七三一部隊（人体実験部隊）に関わっていたことでも知られる。辻がシンガポールで中国系インテリ層が抵抗運動を起こすのを恐れて、彼らを大量虐殺した際、朝枝もこれに関わっていた。

ＣＩＡ辻ファイルには、この朝枝がしばしば登場する。英語やフランス語が達者な朝枝は、辻の私設インテリジェンス工作員として活動していたのだ。辻は国会議員である自分が行けないところに朝枝を送って、情報収集させていたと見られる。

それは国防族の有力議員である辻自身のためであると

共に、後で詳しく述べるように、大陸問題研究所や官房調査室やその後身の内閣調査室のためでもあった。

辻の行方不明事件に話を戻そう。帰国予定を過ぎても帰ってこないのを心配した妻は、五月二五日に外務省と参議院に問い合わせた。それでも辻が姿を見せないので、とうとうマスコミが騒ぎ始めた。しかし有力情報はなかなか出ず、ようやく翌六二年六月上旬、『産経新聞』がラオスのプーマ殿下（ラオスの中立派党首）の談話を次のように紹介した。

日本大使の依頼を受け、軍の情報機関に調べさせた。辻氏はバンビエンの我が軍司令部に現れ、その後ジャール平原に行き、飛行機でハノイに向かった模様である。この飛行機は私の本部があるカンカイとハノイの間を飛んでいる飛行機で、席が空いていれば誰でも乗れる。

七月二日には『産経新聞』がフォンサバン内相（ラオスの中立派首脳）の談話を紹介した。

昨年（一九六一年）の5月、バンビエンにいたとき、辻氏がジャール平原に行く許可証が欲しいと訊ねてきた。ホー・チ・ミン北ベトナム大統領に会いにハノイに行くとのことであった。私は彼の身分をパスポートで確認し、通行証にサインした。翌日に同紙はスファヌボン（ラオスの左派パテト・ラオ党首）との会見を次のように紹介した。

辻氏について質問したが、殿下は薄笑いを浮かべるばかりであった。しかし、後に秘書から次のようなことを聞いた。妃殿下が日本産のパールのネックレースを贈られ、非常に喜んでいたというのである。私は、駐バンコク大使館で辻が、誰かの土産にパールのネックレースを2本用意したと聞いたことを思い出した。その1本が妃殿下に渡ったのは間違いなさそうである。

辻がスファヌボンと会見したのはラオスのジャール平原だった。ここからヴェトナムのハノイまではソ連製のイリューシン輸送機による飛行機の便があるので、プーマ殿下は辻がそれに乗ってハノイへいったと考えている。だが、辻がハノイにいったということは確認できず、ここで辻の足取りはつかめなくなった。

終戦後、タイで姿を消し、突如として日本に姿をあらわし、その後ドラマチックな一三年間を送った彼は、また忽然とラオスで姿を消してしまった。以下では、辻のこの謎と神話に満ちた戦後の一三年間を追ってみたい。それによって、これまで知られていなかった数々の事実を、CIA文書をもとに明らかにし、辻の戦後の実像を浮かび上がらせたい。

『潜行三千里』で語られなかった真実

『潜行三千里』は敗戦時、タイにいた辻が帰国するまでの「冒険譚」である。同書は現在でも読むに値する名著だろう。この中に描かれているのは、タイ、ラオス、ヴェトナム、中国を経て日本に帰国するまでの辻のスリリングな「潜行」だけではない。

大日本帝国の崩壊以後の東南アジアと東アジアの混乱と混沌、そのなかでたくましく生きていくアジアの民の姿も活写されている。

大日本帝国軍人であった辻が、それをどのように感じているのかが、ユーモアを交えた、客観性を装った文体から伝わってくる。読者が引き付けられるのは、その彼の見方と感じ方に強い共感を覚えるからだろう。

つまり、日本は占領して圧政を敷いたというが、日本軍が去ったあとのアジア各国には混沌が残っただけで、アジアの民は以前より豊かになったわけでも、幸せになったわけでもなかった。

この著書で述べられている辻の「潜行」は、おおむね事実だ。なぜ確認できるのかといえば、アメリカは同盟者である中国国民党から戦後の辻の行動について情報を得ていて、それがＣＩＡ文書になって残っているからだ（以下この章で使用するＣＩＡ文書はとくに断りがない限り辻ファイルから）。

それによれば、戦時中に石原莞爾の唱える東亜連盟の信奉者になった辻は、戦争が終わったのだからアジア人同士手を携えて西欧帝国主義や共産主義と戦おうと、中国国民党に協力を申し出た。これが中国国民党幹部、なかでも軍統局（または藍衣社《らんいしゃ》、中国国民党の諜報機関）を率いていた戴笠《たいりゅう》に受け入れられて、辻はタイから脱出し、重慶にたどりつき、遷都と共に南京に落ち着き、国防部第二庁第三課で対ソ連インテリジェンスを指導することになる。

従って、彼の「潜行」は、手を貸した中国国民党が把握しており、その記録は同盟国アメリカの情報機関と共有されている。このため、CIA文書を参照することで『潜行三千里』が大枠として事実を書いていることが確認できるのだ。

その一方で、CIA文書は辻がこの著書で隠したことも明らかにしている。辻は中国国民党国防部第二庁には「土田中将」がいたと書いているが、これは実際には土居明夫のことだろう。前の章でも述べたように、辰巳が土居を帰国させたので、辻がそのあとの空席を埋めなければならなかったのだ。

辻は、中国国民党国防部を通じて、土居、辰巳とつながっていた。ただし、辻は大本営参謀本部にいたとき対立したこともあって、土居とは仲が悪かった。

もう一つCIA文書が明らかにする事実は、中国国民党は「以徳報怨」で辻の帰国を許したのではないということだ。『潜行三千里』では、四八年になって辻が自分から中国国民党に暇乞《いとまご》いをし、寛大にもこれが認められたかのように書かれているが、これは違う。やはり、彼もまた辰巳や服部や土居や岡村と同じく、中国国民党によって日本に送り込まれたのだ。

ただし、前述の通り、中国国民党が日本にインテリジェンス網（とくにソ連向けの）を築くという計画は四七年には崩壊していたので、辻を送った目的は「日本義勇軍」以外には考えられない。

「日本義勇軍」と辻のインドシナ工作

「日本義勇軍」を作って中国国民党を支援せよというマッカーサーの命令に応じることができる受け皿は、当時の日本では「宇垣機関」だけだった。五〇年七月一九日付文書では宇垣機関における「対外工作部門」の対象地域と担当者名を記している。そこには「インドシナ　辻政信」とある。他には「ソ連　清水」「北朝鮮　加藤泊治郎（実際には北朝鮮でソ連の捕虜となり五一年シベリアで病死している）」「中国共産党　本間」「台湾　根本博」とある。

この宇垣機関で最も力をもっていた河辺機関の下部機関だった有末機関が岡村から「日本義勇軍」を引き継いだこと、その結果、河辺機関の下部機関でありながら、それを上回る勢力になったことも第三章で述べた。

ところで、辻の名前があるインドシナ工作と根本の名があるる台湾工作（その中心的なものが「日本義勇軍」）はどのような関係があるのだろうか。

実は、両者は密接に関係していたといえる。インドシナ工作は台湾を経由して行われたので、日本人「義勇兵」を船に満載して出港した段階では台湾工作だった。そののち、台湾の根本のところで相談して、その先のインドシナにどのような工作を行うか相談していた。

辻によるインドシナ工作には、当然、中国国民党の意向も入っていた。この頃中国南部の雲南省で共産党軍に追い詰められた中国国民党軍が国境を越えてヴェトナムやラオスに入り込んでいた。ところが、彼らの一部はヴェトナムにいたフランス軍に拘束され、収容されてしまった。

従って、インドシナに義勇軍を送り、この虜になった中国国民党軍を救援し、これと合流することは、中国共産党の背後を脅かすという意味を持っていた。このことは後で辻の失踪のときに重要になってくるので記憶しておいていただきたい。この義勇軍の指揮官として、かつてこの地域にいた辻が最適だということはいうまでもない。

前に述べたように、宇垣機関（あるいは河辺・有末機関）は、「日本義勇軍」派遣と引き換えに少なからぬ資金を中国国民党から得ていた。従って中国国民党の意思と関係なくインドシナに義勇兵を送っていたとは考えられない。また、反共産主義という点では、「地下政府」、「宇垣機関」、「軍閥」、中国国民党、Ｇ‐２の利害は一致していた。

　さらに、このことは、四六年九月一一日に戦争犯罪者として指名手配を受け、特にイギリスから厳しい追及を受けていた辻が、なぜ占領下の日本で逮捕されなかったのかの説明になっている。

　彼は帰国直後（四八年春）こそ、佐賀県の小城《おぎ》炭鉱で鉱夫をしたり、全国各地の日蓮宗の寺に身を寄せたりしていたが、それも疲れたのか、翌年には渡邊渡や児玉のもとに身を寄せるようになっていた（TSU, 58, 3, 7, Tsuji Personality Information Data）。そして、児玉を通じてＣＩＣと定期的に接触するようになっていた。つまり、ＣＩＣは辻の動きを把握し、監視していながら逮捕しなかったのだ。それは、彼がアメリカの盟友である中国国民党のために、しかも、Ｇ‐２が密かに支援している有末機関の幹部として、「日本義勇軍」やＴＡＫＥ工作に従事していたからだ。

　彼がいったん日本に帰ったあとの五〇年六月、台湾経由でインドシナに渡ったことは文書から確認できる。五〇年八月七日の報告書には、辻が台湾にいる根本のところに相談のために寄って、そののちインドシナに引き返したと出てくる。

辻はこのとき大久保（辰巳に懇願されて国民党国防部で対ソ連暗号解読をすることになった旧軍人、第五章参照）の妻から夫あての手紙を預かっている。辻は自分が帰国したとき、南京に残してきた彼のことを気遣っていたが、彼が国防部のほかの幹部と共に台湾に逃れたことを知った。

そこで、自分が今度台湾に行くので、日本にいる彼の妻から手紙を預かったというわけだ。ちなみに、大久保はその後日本に帰国し、防衛庁の求めに応じて「対露暗号解読に関する創始並びに戦訓等に関する資料」を提供している。

五一年一月中旬に辻は再度、インドシナに残留する中国国民党軍を支援するために現地に赴くよう中国国民党から要請されるが、辻はこれをきっぱりと断っている。義理は果たしたし、日本の国防軍再建のために、また服部のためにすべきことがたくさんあったからだ（HA, 51, 3, 6）。

辻、OSIにリクルートされる

辻は五〇年になるともはや人目をはばからず、白昼堂々と活動するようになる。それというのも、彼はCICと児玉を通じて、もう戦争犯罪の訴追を受けないことを知らされていたからだ。
イギリスは四九年九月三〇日にすべての戦争犯罪の裁判を終え、同年一二月一二日には辻の名前が戦争犯罪者指名手配リストから削除された。この内部情報を彼に伝えることができるのは彼と接触していたCIC局員と児玉しかいない。
児玉は大宅壮一との対談（『われかく戦えり』収録）でこのことをこう暴露している。

こんなことがあるんです。辻が戦犯指名で追われながら、日本に帰って来たとき、九州や多摩川の奥にかくまったのは、わたしなんです。それで、わたしは、GHQにひっぱられました。「友人を裏切るよりは、巣鴨へいく」と、わたしは、つっぱねたんです。むこうは、怒るどころか、「尊敬する」といって、釈放するときに耳打ちしてくれましたね。「あとふた月で、辻の追放は終るぞ……」と、ナゾを……。

この間、辻は児玉と里見から自分の機関に入らないかと誘いを受けていた（TSU, 51, 1, 26）。とはいっても、児玉機関も里見機関も、渡邊機関と共に「日本義勇軍」に参加していたので、彼らの誘いは、自分の下で働かないかということだった。辻はこれらの申し出を断った。

CIA文書は、同じ五〇年ころ、児玉が「フランク」というアメリカ側の人物を辻に紹介し、彼のエージェントになることを勧めたという驚くべき事実を明らかにしている(TSU, 58, 3, 7. Tsuji Personality Information Data)。だが、この時、辻は児玉に対して「巣鴨にいらっしゃる荒木貞夫大将がそうせよと私に命令するならそうしよう」と答えるにとどめている。これは、間接的ながら、荒木を巣鴨プリズンから釈放せよという辻の要求だろう。

しかし荒木はA級戦争犯罪者として終身刑になって当時は巣鴨プリズンにいた。いくら辻が欲しくても、大物戦争犯罪者を無罪放免することはできない。従って、これは辻一流のレトリックで、勝者による恣意的な戦争犯罪裁判を揶揄しつつ、体よく断ったと解すべきだろう。

問題はこの「フランク」の正体だ。児玉が辻に紹介しているところ、巣鴨プリズンに言及していることから、児玉を巣鴨プリズンで取り調べ、『われかく戦えり』(英語に翻訳され出版されている)を書かせた検事フランク・オニールと考えるのが妥当だろう。

ところが、このCIA文書では「フランク」をアメリカ空軍大佐としている。児玉も『悪政・銃声・乱世』のなかで、「フランク」を「大佐相当官」の検事と紹介している。

ということは、このフランク・オニールは、四九年に戦争犯罪容疑者の取調べが終わったあと、アメリカ空軍に入った（あるいは戻った）ことになる。もちろん、児玉や辻をエージェントにしようというのだから、空軍でも部局はＯＳＩ（空軍情報局）だろう。

オニールは、九〇年八月三日に死亡していて、『ニューヨーク・タイムズ』に死亡記事が掲載されている。それによれば、軍事法廷の検察官になる前のポストをＧＨＱ経済法務課（Economic Law Branch）の課長としているが、極東国際軍事裁判が終わった四九年から五六年までの日本での七年間は空白になっていた。

いうまでもなく、ＣＩＡに限らずＯＳＩもＯＮＩ（海軍情報局）もそこに勤務したことは明かさないのが普通だ。従って、オニールがこの間、日本でＯＳＩのために働いていたと推測できる。そうでないなら、日本で何をしていたか明記したはずだ。

しかも、オニールは、五六年に離日したあとアメリカ外交顧問団の一員になって、チベットや南ヴェトナムに駐在している。外交顧問団員や大使館員という肩書が、ＣＩＡなど情報機関の人間にしばしば使われるということはよく知られている。

ところで、辻は五〇年には断わったものの、その後オニールと接触していたらしく、占領終了後、辻の言動や動静についての報告書がＯＳＩから多数あがってくる。

確かに五一年一一月一三日付の文書（CIC）も、辻が正体不明のアメリカの機関（unidentified American agency）と繋がっていると報告している。これはCICからみたOSIのことをいっているのだろう。

占領中はOSIもONIもG－2の傘下ということになっていたが、占領の終了を五カ月後に控えたこの段階では、すでに占領後の活動をにらんで独自のネットワーク作りに入っていたと考えられる。もともとG－2は陸軍、OSIは空軍なのでライヴァルではあっても仲がいいというわけではなかった。

ちなみに、後年、児玉は戦闘機・航空機メーカーであるロッキード社の秘密代理人になり、戦後最大のスキャンダル、ロッキード事件を起こすことになるが、その萌芽もこのオニールとの関係にあったと考えることができる。

このオニールと児玉のあいだに入って通訳をしたのが、これもまた後年ロッキード事件のときメディアの注目を集めることになる福田太郎だった。福田は事件当時ジャパンPR社長でロッキード社アーチボルト・カール・コーチャン副会長と児玉のあいだにたって会談をアレンジし、その通訳も務めた。

一躍ベストセラー作家に

さて、占領中の辻のことに話を戻すと、彼はこのあとの五〇年六月にタイから帰国するまで経験したことをまとめた『潜行三千里』を刊行した。これには裏話があって、実は、その前年に辻が書き上げた原稿を最初に持ち込んだのは朝日新聞だった。主筆と副社長を務めた緒方竹虎と親しかったからだ（TSU, 58, 3, 7, Personality Information Data）。

彼に限らず、再軍備によってアメリカから自立することを主張する旧軍閥関係者は鳩山と緒方に近づいた。吉田がダメなことはわかっているので、彼らは再軍備派のこの二人に彼らの国防案を説いて、自分たちを用いるよう働きかけていたのだ。

しかし、緒方は政治的理由から出版を断った。中国国民党政府の腐敗をあからさまに描いているところが問題だった。このころ緒方は中国国民党政府に援助を求めるためアプローチしていたのだ。

そこで、辻が毎日新聞に持っていったところ、こちらには出版を引き受けてもらえた。この本は、出版されるとたちまち大ベストセラーになる。この大ヒットは辻に二つの変化をもたらした。

一つは彼の主張がマスコミに取り上げられるようになったこと。これを利用して彼は、日本の安全保障と国防についての意見を述べた。

それがまた議論を呼び、続いて出版した『十五対一』（酣灯社《かんとう》、一九五〇年）、『亜細亜の共感』（亜東書房、一九五〇年）もまたヒットした。これらの著書が売れることで、辻は講演にも招かれるようになった。

もう一つはこれらの本の印税によって彼が裕福になったことだ。CIA文書は辻が五一年に約三五〇万円の印税を得て杉並区に大きな家を購入し、さらに彼のかつての部下の遺族にも経済的援助を与えていると述べている。

それも、一家族ではなく、八家族に、一度に大金を渡すのではなく、分割して少しずつ渡すという、きわめて手間のかかるやり方をしていた。

そのうえで、彼はさらに東亜連盟同志会などの組織にも資金をつぎ込んだ。この組織は石原莞爾の東亜連盟が四三年に改組されたものだが、四六年にはGHQによって解散を命じられていた。だが、こうしてCIA文書に名前が出てくるということは、地下に潜って活動を続けていたことになる。

四月一三日付のCIA文書は、秩父宮、久原《くはら》房之助、児玉誉士夫を中心として日本を改造する計画を練っていたことを明らかにしている。これも地下に潜った東亜連盟同志会の活動の一環だったのだろう。同年五月には、日本改造計画の柱となる再軍備計画を河辺虎四郎、岩畔豪雄、岡村寧次と作っている（TSU, 51, 5, 4）。

こういった動きが五二年夏の吉田暗殺クーデター計画の伏線になっていたと考えられる。だから、CICは虚報と知りつつも、注意を払わざるを得なかったのだ。

注目すべきは、ウィロビーのもとで再軍備計画を進めていた服部がメンバーに入っていないことだ。辻は服部と仲がいいことで知られているが、この段階での再軍備計画では、辻は河辺や岩畔などと一緒のグループに属していて、服部とは繋がっていなかった。

こういった事実はCIA文書によって今回初めて明らかになったことだ。

もう一つCIA文書が明らかにした新事実は、そもそもウィロビーが服部に国防計画と国防軍編成案の作成を要請したとき、辻は服部にこの要請を断るよう強く迫っていたということだ（HA, 51, 8, 20）。つまり、辻は服部にアメリカの走狗になるなと強く諫めていたのだ。

辻にしてみれば、そんなことをして、仮にその通りの国防計画と国防軍が作られたとしても、日本の国防軍がアメリカ軍の使い走りのようになってしまうだけでなく、日本の国防上の機密さえアメリカ側に握られることになる。辻の自衛中立の立場からいけば、それは絶対避けねばならないことだ。

辻は『潜行三千里』のなかで、自分がタイで終戦を迎えたとき、自決せず、また降伏もしなかったのは、アジア人のためのアジアを築くという理想を果たすためであり、中国国民党の国防部に加わったのもそのためだと主張している。確かにマスコミにもてはやされて、大金を得てからも、この信念に従って生きていたと言える。

第三次世界大戦アメリカ必敗論

このような辻が、アメリカ側をもっとも激怒させ、困惑させたのは、彼の第三次世界大戦アメリカ必敗論とそれに基づくアメリカ駐留軍全面撤退論を唱えたことだった。

辻は五一年ころから、自分が関東軍にいたときの対ソ連戦研究をベースにしたものだとして次のようなデータを示した。

	ソ連	アメリカ
兵力	二〇〇四万人	一六〇〇万人

動員できる兵力	一六〇〇万人	八〇〇万人
年間飛行機生産能力	七万五〇〇〇機	七万五〇〇〇機
航空兵力	七万五〇〇〇機	一万五〇〇〇機
戦車	五万台（T34、T52など優秀）	五〇〇〇台
原爆保有	五〇	五〇〇
食糧生産量	一億五九〇〇万トン	
備蓄できる食糧	七〇〇〇万トン	
石炭生産量	二億五〇〇〇万トン（世界一）	
石油生産量	三億五〇〇〇万バレル（世界一）	
保有潜水艦	一〇〇〇トン級が三五〇から五〇〇隻、数年のうちに一〇〇〇隻	

（途中からアメリカのデータがなくなるが原文のママ）（TSU, 51, 6, 7）

辻はこれらのデータに基づいて次のように主張した。

一　1．アメリカは兵力、戦力、生産力、資源においてソ連にかなり劣っていて、両者が戦った場合、アメリカは必ず負ける。
2．第三次世界大戦が起きれば、主戦場はヨーロッパで、アジアはその巻き添えになるにすぎない。
3．日本およびアジア各国は、アメリカとソ連の戦争に巻き込まれないようにすることが大切だ（アジアはアジア人のもので、ソ連やアメリカの自由にさせてはならない）。
4．第三次世界大戦が起きた場合、アメリカはソ連の圧倒的戦力に対抗するために日本にいる駐留軍をヨーロッパ戦線に送らねばならず、日本の防衛を放棄せざるを得ない。また、アメリカが日本を放棄するときは、朝鮮戦争の例からもわかるように、日本の工業力を破壊してから撤退するだろう。従って、日本はアメリカに自国の防衛を任すことはできない。
5．アメリカとソ連の第三次世界大戦に巻き込まれないためにも、日本はアメリカ駐留軍を完全に撤退させなければならない。そのために日本は強力な国防軍を作り、自衛中立にならなければならない。
6．日本の食糧を外国に依存することはできない。ソ連が潜水艦の建造を急いでおり、日本の海上輸送ルートはこれによって完全に遮断される。

7．以上の理由から、ソ連が背後に控えている日本共産党を弾圧するのは好ましくなく、日本の保守勢力は彼らと協調していく必要がある。

この第三次世界大戦アメリカ必敗論と駐留アメリカ軍完全撤退論には石原莞爾の『世界最終戦論』と東亜連盟の思想が垣間見られる。いずれ世界最終戦争が行なわれるが、これは悲惨な戦争になる。だから、日本と中国と満州は東亜連盟を形成して自立し、戦争に巻き込まれないようにしなければならない、という思想である。

アメリカ側の反応

辻の主張を聞いたアメリカ情報機関はあいた口がふさがらなかったことだろう。

彼らはいわば辻の命の恩人だ。彼らは辻がフィリピンの最高裁判所長官ホセ・サントスの処刑とシンガポール華僑の大量虐殺を命じた事実を把握していた。そして、辻が法廷にでてこないため、彼の部下が処刑されたことも知っていた。にもかかわらず、「日本義勇軍」やＴＡＫＥ工作のために見逃した。

それなのに、辻はG－2がもっとも恐れていたことを声高に主張した。つまり、アメリカがソ連と戦った場合、勝利することはできないということだ。

また、鋭い指摘も含まれている。「4」で述べているように、確かに第三次世界大戦が勃発した場合、アメリカは当時日本に駐留させていた全兵力をヨーロッパ戦線に投入することもあり得た。

いざとなれば、アメリカは日本の防衛を放棄するということだ。しかも、その際は、ジョン・フォスター・ダレスが渡辺邸で述べたように、日本の工業力を完全に破壊してから撤退する可能性があった。

これは、当時朝鮮戦争が行われていて、アメリカが朝鮮半島へ動員して手薄になった日本防衛のための戦力を補うため、大急ぎで警察予備隊を作らせたことからも現実味があった。

にもかかわらずアメリカは、占領終結後も日本各地の基地にアメリカ軍を駐留させるつもりでいた。むしろ基地を増やしさえした。アジアに軍事力を展開するうえで戦略上重要な位置にあったからだ。つまり、いざとなれば放棄するつもりでも、アジアに出て行くうえで便利な地点なので、出城を多く築いて兵を置きたいということだ。

しかし、日本とすれば、戦争が起こったとき、アメリカ軍基地が真っ先に攻撃され、日本が望まない戦争に巻き込まれる。そのようなものを占領終結後も残されるのは困るのだ。当時は朝鮮戦争の最中だったので、なおさら日本人はその懸念を強く感じた。

アメリカ側は日本人がこのことを問題にしないよう、日本のメディアを使った強力な「心理戦」を行っていた。つまり、占領中に日本のメディアを検閲し、指導することでできた人脈を最大限に利用して、日本の報道機関をコントロールし、駐留アメリカ軍は日本を防衛するために絶対必要なものだという論調をとり、日本人が占領後もそれが残ることに反感を持たないよう仕向けることだ（詳しくは拙著『日本テレビとＣＩＡ』の終章を参照）。辻の主張はそのような占領軍当局の神経を逆なでするものだった。

さらに困ったことには、辻の主張の「アメリカはソ連に負ける。日本はいざとなればいなくなるアメリカ駐留軍に防衛を頼ることはできない。だから、アメリカ軍は占領後日本から完全撤退すべきだ。ソ連が背後にいる日本共産党とは協調していくべきだ」という最後の部分を日本共産党が利用し始めたことだ（TSU. 51. 8. 8）。

これらの辻の主張は日本共産党にとってこの上もなく都合がよかった。しかも、自分たちがプロパガンダとして唱えているのではなく、筋金入りの右翼で、軍事の専門家で、ベストセラー作家の辻が本気で主張しているのだ。その効果は絶大だった。

なぜＧＨＱは辻を黙らせられなかったのか

ＧＨＱは何とか辻の言論を封じようとしたが、当時絶対的権力を持っている彼らであっても容易でなかった。報道機関ならば、検閲などによってコントロールできるが、辻はこれらの機関に所属していなかった。メディアに彼の書いた記事および彼をポジティヴに扱った記事をボツにするよう圧力をかけることはできるが、辻が演説会などを開いて聴衆に直接訴えかけるのを妨げることはできない。

また、新聞などにそれらの演説会の開催について言及するのをやめさせることも難しい。それは講演会についての告知であって、意見やコメントを述べているのではないと主張できるからだ。

さらに、辻はかなり有名人になっているので、あまり露骨な妨害をすると目立ってしまう。目立たないように、所属機関に圧力をかけようにも、辻は無職（あるいは職業作家）でどの組織にも所属していないので、この手も使えない。

Ｇ‐２はＣＩＣ局員に辻と接触させていながらも、逮捕させなかった。それは辻も知っている。中国国民党との関係と「日本義勇軍」のことも、ＫＡＴＯ機関のＴＡＫＥ工作のことも、これらを明るみにだせば、彼らが秘密裡に非合法組織を作らせ、支援や資金を与えていた事実までも白日のもとに曝されてしまう。

一個人ならば委細かまわず「消してしまう」ことも考えられるが、辻は「軍閥」、「宇垣機関」、「地下政府」と深く結びついていて、しかも重要人物だ。

ようやくＧ－２が見つけた方策は、公職追放令違反で辻を追及するというものだった。つまり、公職追放になっている辻は政治活動を禁じられているのに、規定に違反してＧＨＱを批判するなど政治活動をしているということで辻を罪に問おうというプランだ（TSU, 51, 8, 4）。

しかし、辻はＧＨＱ批判そのものを目的としているわけでもないし、主張にも的外れなところはなかった。彼なりの深い現状分析に基づいて、正論を述べているだけだ。

それに、五一年の九月四日にサンフランシスコで講和会議が開かれ、翌年には占領が終わることが決まっていた。まもなく、占領を終えてアメリカに引き揚げなければならないのに、無理に強権を発動して、日本人の心に悪い印象を残すのは得策ではない。

従って、ＧＨＱは公職追放令違反のことを言い出してはみたものの、それをもとに強い手段に訴えることには積極的になれなかった。

辻の再軍備工作

この頃、辻はただ国防論を唱えるだけでなく、実現しようと活発に動いていた。五二年五月一六日付文書によれば、彼はしきりに服部、辰巳、緒方のあいだを行き来し、連絡をとっている。前年までは、辻は服部側ではなく、河辺・岩畔・岡村の側にいたが、寝返ったということではなく、後者の方がこのころにはもう力がなくなっていたのだろう。

注目すべきはこの報告書に、当時浪人中の緒方の名前が出てくることだが、緒方は吉田の再軍備に不満を持っていたので、同じく不満をもつ辻が緒方に近づいたということだろう。

緒方は、辻、服部、辰巳、そしてほとんどの旧陸軍幹部と同じように、アメリカ駐留軍なしでも日本を防衛できるような国防軍を作るべきだと考えていた。

さらに、当時の吉田の秘書室のようなインテリジェンス機関、内閣総理大臣官房調査室にも不満だった。戦時中に情報局総裁を務めていた彼は、当然ながら、もっと本格的なインテリジェンス機関を作るべきだと思っていた。

また、緒方はこのような主張をすることで、彼と親しかった旧日本軍幹部が彼を熱心に支持することも知っていた。

終戦直後日本には百万単位の軍人が存在したが、その大部分が当時有権者になっていて、旧日本軍の幹部は彼らに影響力を持っている。再軍備派の緒方は政界中枢へ復帰を狙ううえでも、このことを無視するわけにはいかない。

もともと反吉田で再軍備派ということで、鳩山が旧日本軍関係者の期待を集めていたが、そこに緒方も割り込んできた。自由党政権のままでも、自分が彼らの期待にそえるということだ。

このあとに起こったことは、服部、辰巳、緒方のあいだの連絡を辻が行ってどのような国防軍計画が話されたか、それに吉田がどう反応したかを示している。

彼らの国防計画は、辰巳や緒方のとりなしにもかかわらず、吉田によってにべもなく却下された。そして、第四章でものべたように、このあとの五二年七月、服部のクーデター・吉田暗殺計画の情報が流れた。

ウィロビーがいたら、吉田の態度は違っていただろうが、もはや重しはとれていた。

緒方もこの五二年夏の段階ではまだ国会議員になっておらず、吉田にとってかわるまでの力はなかった。

ノモンハンでは攻撃一点張りだった辻も、このときばかりは「今は立つべきときではない。撃つべきは社会党や共産党であって、自由党ではない。時期を待つべきだ」という趣旨のことを主張してブレーキをかけた。

さらに自由党が政権をとっている限り、クーデターは延期するとも付け加えている。彼らの「同志」重光や鳩山や緒方が、吉田のあとに政権を獲得することも想定に入れていることは明らかだ。

このような辻の動きを見ていたＣＩＣ（極東司令部）は、アメリカ必敗論や駐留軍完全撤退論など過激な主張をする辻が意外にも冷静で理性的な行動をとるので驚いたに違いない。もっとも、辻はＣＩＣにマークされており、自分の言葉が彼らにも伝わることを見越していたはずだ。そして、それが吉田に伝わって心胆を寒からしむることを確信していたと思われる。もともと、ポーズだけで、本気ではなかったのだ。

辻、政界に打って出る

辻は五二年一〇月一日に出身地の石川県から衆議院総選挙に無所属で出馬した。そして、約六万五〇〇〇票という大量得票で当選した。

それまで陰の世界で生きてきた彼は、いよいよ表舞台に立ち、国政に参画することになったのだ。

激しいアメリカ批判を繰り広げ、クーデター計画にも名前が出た人物がこれほどの大量得票したことに脅威を感じたのか、ＣＩＡは辻の大勝の要因を分析した。

一九五二年一〇月の選挙で辻は総投票数二五万一四一一票のうちの六万四九一二票獲得した。これは次点よりも二万三四八〇票多かった。その理由は辻が一九二〇年代の後半から三〇年代の初めにかけて、石川県金沢市に駐屯する歩兵第七連隊の募兵と新兵の訓練を中尉として行っていたからだ。この八年間に辻はおよそ一万六〇〇〇の新兵と関わった。この新兵たちは、選挙当時四〇代から五〇代に達していて社会的影響力を持っていた。これが辻が選挙に強かった理由だ。辻は選挙でまったく金を使わなかったといわれている。

（TSU, 53, 1, 23）

つまり、辻の大勝の理由は、彼が中尉時代に募兵し、新兵訓練をほどこした男性が一万六〇〇〇人おり、彼らが社会的影響力を持っていて他の有権者にも影響を与えたからだということだ。

さすが世論調査の先進国アメリカだけあって鋭い分析をする。だが、辻以外の人間が募兵と新兵訓練をしていたなら、同じ結果がでただろうかと問いたくなる。やはり、辻に魅力がなければ、このような結果はでなかっただろう。

辻という男は、火を噴くようなアジテーションを行いながらも、クールに現状分析を行っていて、あらゆることを計算しつくしたうえで、軍人らしく決然と行動する。辻に好意的とは言えない人間が書いたＣＩＡ文書からでさえ、そのようなカリスマ的軍人像が浮かび上がってくる。辻が選挙に強かった第一の理由は、このカリスマ性に求めるべきだろう。

国会議員となった辻は保安隊に対する影響力を強めていった。この関係で、緒方だけでなく鳩山も辻に近づいてきた。

五二年一〇月一〇日の報告書は、鳩山が辻を軍事顧問としたことを明らかにしている。

他に名前があがっているのは、酒井鎬次《こうじ》、田中新一、服部卓四郎、堀場一雄だった。

吉田打倒を目指す鳩山と重光は、再軍備を重視し、これを吉田打倒の切り札にしようとしていた。そして、吉田の後継者を目指す緒方も、自分への交替を早めるためにも、やはり再軍備を主張することで旧軍人たちの支持を取り付けたいと思っていた。

辻の自衛中立という主張、つまりアメリカに頼らずに十分な国防力を再建して自衛していくという主張は、旧軍人たちと保安隊の一部と鳩山、重光、緒方のような有力政治家に共感をもって迎えられた。

国会で質問する辻

こうして、彼は緒方、木村篤太郎、鳩山と共に保安隊と官房調査室に強い影響力をふるうようになる。同年一〇月三一日付の報告書は、彼が保安隊の一部を掌握したとさえ記している。服部はクーデター計画がしぼんだのち、実質的な力をふるえなくなるが、国会議員である辻は、彼の分も含めて影響力を大きくしていった。

その後MSA（日米相互防衛援助）協定をめぐっては、保安隊はアメリカ軍の使い捨ての傭兵にされてしまうとか、国防力をもたない日本は第二の韓国になるとか、例によって激越なアジテーションで駐日アメリカ大使館やＣＩＡやＵＳＩＡ（合衆国情報局、五三年八月設立）関係者を悩ました（TSU, 53, 8, 13）。

ソ連視察ののち「転向」

五五年、辻は中国・ソ連視察旅行に出かける。この旅行は、辻のアメリカ嫌いに大きな転機をもたらした。ソ連で辻はモスクワのほかレニングラードとグルジアのトビリシも訪れ、三〇〇人のさまざまな分野の人々からソ連の国情について話を聞いた。彼は帰国後それを次のように大陸問題研究所で報告した。

A. ソ連は想像していたより帝国主義的で国家主義的だ。小学校で使われている教科書は共産主義よりも愛国主義を強調している。

ソ連の平和攻勢は政治的なものというより次のような必要に迫られたものだ。

（1）スターリンの後継者が見つかっていない。

（2）共産党と軍部のあいだに摩擦がある。

（3）ソ連は全面戦争を望んでいない。平和産業（軍需産業でないもの）と農業において西側に一〇年遅れている。
（4）戦争で死者を出した家庭は戦争をとても嫌っている。それは日本以上だ。
（5）一般国民の反戦感情はきわめて強い。

Ｂ．グルジアのトビリシでミグ戦闘機の製造工場を見学した。
Ｃ．コサックの人々の一〇人に七人がソ連の支配に満足していなかった。小さな民族なので、他から侵略を受けないためにしかたなくロシア人と一緒にいる。
Ｄ．ソ連の農業事情は思っていたより悪い。一反《ママ》（日本の単位）あたりの食糧生産率は日本の一五分の一だ。
Ｅ．ソ連が一四〇〇人の人間を返していないので日ソ間の具体的交渉はできない。領土は取り返せるが人命は失われたら返ってこない。国交正常化を先にして、領土問題はあとにすべき。
Ｆ．ソ連と中国は見かけほどうまくいっていない。中国側はソ連をおだててできるだけ多くのものを引き出そうとしている。
Ｇ．中国人は蒋介石に対する興味をすっかり失ってしまった。

（TSU,55,10,31）

ちなみに、右に引用した内容が報告書に転載されているということは、この報告会の出席者の一人か辻本人がCIAに情報を流したということになる。

いずれにせよ、この報告書を見ると、辻の第三次世界大戦アメリカ必敗論は、ほとんど根拠がなくなっていることがわかる。すなわち、ソ連の軍需産業は健在だが、農業はきわめて生産性が低く、長期の戦争には耐えることはできない。それに、スターリンの後継者問題はやがて片づくとしても、共産党と軍部がうまくいっていない。

また、一〇〇〇万人以上といわれる戦死者を出したので、一般国民のあいだでは厭戦感情が強く、アメリカをはるかに凌駕するとされる兵力を戦争に動員できそうにない。

第三次世界大戦が起きたらアメリカは必ず負けると辻は言ったが、そもそもソ連は大規模な戦争をする意思も余裕もない。敢えてそれに踏み切れば内乱が起きて自滅するだけだ。

このような情報はアメリカ側も持っていただろうが、辻情報は彼らのデータを最新のものにアップデートし、細部をより明らかにするために有益だった。だが、次のような辻とゲオルギー・ジューコフ将軍との会談の内容にはＣＩＡ局員はさらに大きく目を見開いたに違いない。

ジューコフは当時国防大臣のポストにあり、ニキタ・フルシチョフ、ニコライ・ブルガーニンと三頭体制を敷いていた。しかも、ジューコフはノモンハン事件のときのソ連軍の司令官だった。

1．辻の訪ソ中にジューコフの代理が五、六回辻と会った。辻はモスクワを離れる最後の夜に、三、四時間ジューコフと話した。その内容は次の通り。

A．辻はジューコフに、アメリカが日本に小笠原列島と沖縄を返還したら、ソ連は千島列島と樺太を返すかと聞いた。ジューコフはそうするだろうと答えた。

B．辻は、アメリカは巣鴨にまだ捕虜《ママ》を閉じ込めているが、ソ連が捕虜（日本人の）を解放したらいいプロパガンダになるのではないかと聞いた。ジューコフは、自分とブルガーニンは即時に無条件で解放することに賛成だが、フルシチョフの同意が得られないと答えた。

2．上記の会談は極秘に行われた。辻が宿泊しているホテルの前を赤いネクタイをした男が通り、辻がそのあとについていくと車が待っていて、ジューコフのいる場所へ連れていかれた。

3．ジューコフは日本に駐留するアメリカ軍についていろいろ尋ねた。辻の本も読んでいて、その内容についても質問した。ジューコフは辻が真珠湾攻撃の作戦立案者だと思っていて、この作戦についても質問した。

4．辻の印象では、ソ連のトップ争いはジューコフとフルシチョフのあいだで戦われており、ブルガーニンは圏外に去ったようだ。（後略）

（TSU, 55, 10, 26）

引用のとおり、辻はのちに日ソ国交回復交渉で重要になるシベリア抑留者と北方領土（千島列島）の問題を相手にぶつけてみて、その反応を探っている。ジューコフは、外交辞令で、はっきりとは断っていないが、どちらも前向きでないことを匂わせている。「4」にある辻の推察は正しく、ブルガーニンに続いてジューコフも追い落とされて、結局その後フルシチョフ独裁体制になった。

辻とCIA

興味深いのは、この情報のＣＩＡへの提供者だ。報告書は、官房調査室と大陸問題研究所の関係者のほかに辻自身を提供者として名前を挙げている。

つまり、辻がＣＩＡに情報を提供し、それを官房調査室と大陸問題研究所の人間がチェックしたあと、ＣＩＡ報告書にまとめたということになる。

これらの情報提供者にはpolestar-1、polestar-2というコードネームが与えられているが、辰巳（polestar-5）の場合のように実名は明かされていない。このことが、彼らがどんな機関に所属していた日本人かを物語っている。

実は辻がアメリカ側に情報を提供したのはこれが初めてではなかった。前年の五四年九月二三日付で、辻は駐ヴェトナムアメリカ大使館のフランク・Ｏ・ブレイク（Frank O. Blake）に手紙を書いている。

内容は、彼の親しい友人がタイ、ビルマ、インドシナ、インドを旅行して現地情報を集めたので、それをブレイクに提供するというものだ。この手紙は、自分がヴェトナムまでいって渡したいが、自分は多忙をきわめているので、たまたまバンコックにいくことになっている友人の朝枝繁春に託すことにすると締めくくられていた。

このブレイクは、アメリカン大学の特殊工作研究所（Special Operations Research Office）のヴェトナム内の部族についての研究報告書から、大使館所属とはいってもFBISヴェトナム支局のチーフであったことがわかった。つまり、CIAの傍聴部門のトップということだ。先に登場したフランク・オニールの偽名ではないようだ。

第五章でも述べたように、官房調査室がCIAの援助で拡張しようとしたとき、とくにアメリカ側が期待したのは官房調査室のFBISへの協力だった。従って、辻は官房調査室や自衛隊のインテリジェンス部門との関係からこのブレイクに情報提供するようになったと推測できる。

辻は官房調査室に自分の息のかかったT・M（原文実名）とS・U（原文実名）の二名を五三年に送り込んでいたので、この機関に対する影響力を維持するためにも、自前のネットワークで仕入れた情報を彼らに提供しなければならなかった。

もちろん、ブレイクへの手紙からわかるように、辻はこのような情報のかなりの部分がこの機関と関係が深いCIAに流れることを知っていた。そのかわり官房調査室がCIAから情報をもらい、それが辻に流れることも当然あったのだ。

従って、辻はCIAのエージェントになったわけではなく、官房調査室と自衛隊のインテリジェンス部門への関与を深めるにつれて、これらの機関をあいだにはさんでCIAと情報のバーター取引をしたということだとみられる。

またこのような趣旨なので、辻はアメリカとだけでなく、中国国民党ともソ連ともそれ以外の国とも情報のバーターをしていたと思われる。

とくにソ連の場合、辻は五二年五月一四日にソ連代表団の一員として来日したアレクセイ・キリレンコにシベリア抑留されている関東軍の旧友三品隆以《たかゆき》への手紙を託している。このときキリレンコがなにも代償を求めずに、この役目を買って出たとは思えない。

また、ソ連訪問の際、ジューコフに日本に駐留するアメリカ軍について聞かれたときも、辻は何も答えなかったわけではなかっただろう。

辻は二重スパイというよりは、大陸問題研究所のような私的インテリジェンス機関、官房調査室や自衛隊のような政府機関のために、いろいろな国から情報を仕入れ、それをさまざまな情報機関に流すブローカーのようなことをしていたと考えられる。

これは辰巳の場合と基本的に同じだ。両者の違う点といえば、官房調査室や自衛隊から見て辰巳はインサイダーだったのに対し、辻はアウトサイダーだったということだ。

さて、ソ連の内情を視察し、彼の第三次世界大戦アメリカ必敗論の土台にあったデータがすでに過去のものになっていたことを知った辻は、反省するどころか、次のように主張し始めた。

「ソ連が立ち直っていない今こそチャンスだ。日本はソ連より前に軍備を増強して、自衛中立の体制を確立しておくべきだ」

ここにいるのは、またぞろノモンハン事件を起こしかねない辻だ。

アメリカ側は、自衛中立という部分は受け難いが、軍備増強は大いに望むところだった。それは政治的にだけでなく、ビジネスの上でも同じだった。アメリカが経済的に立ち直り始めた日本にジェット戦闘機などの最新兵器を売り込むようになるのは、このわずか五年後のことであった。この点でもアメリカは日本のさらなる軍備増強を望むようになるのだ。これがロッキード事件やダグラス・グラマン事件につながっていくことはいうまでもない。

辻の左翼攻撃

五六年七月八日には参議院選挙があったが、辻はこの選挙戦のさなか、爆弾発言をした。「日本の社会党左派と共産党は中国共産党から政治資金を貰っている。これは中国共産党による不当な内政干渉であり、日本国民に対する犯罪だ」というものだ。

辻は、この情報については自信満々で、もし社会党と共産党がこのことで訴訟を起こすというなら、受け取った人間の名前とその経緯の詳細を明らかにすると威嚇した。

事実、辻から情報をもらって作成された同年一月二二日付報告書は、次のように社会党と共産党と日本教職員組合の幹部が中国共産党から政治資金を受け取っていることを明らかにしている。

五四年に社会党中央執行委員長鈴木茂三郎が訪中したときに、中国に政治資金を要求し、日本円で六〇〇〇万円を受け取った。また、社会党前中央執行委員長の片山哲が訪中したときに香港で二四〇〇万円受け取った。梅蘭芳《メイランファン》が来日したときに七二〇〇万円もちこんだが、商取引で使ったのは一二〇〇万円で残りの六〇〇〇万円は日本教職員組合委員長の小林武に渡した。

同年八月三日の報告書では取扱銀行と金額が左の表のように示されていていっそうリアルになっている。

中国共産党	日本社会党	一六万ドル	貿易基金名目 香港銀行、日本銀行
中国共産党員	日本社会党	三万五〇〇〇ドル	
	日本共産党	一万五〇〇〇ドル	
中国劇団	日本教職員組合左派	一五万ドル	
ソ連、中国	日本共産党および その傘下の組織	五〇万ドル	中国人民銀行ロンドン支店 インドシナ・香港銀行

辻はこれらの情報を親しい中国通の友人とか国会議員とか警察関係者から得たと主張している。確かにこれらは彼独自の情報網からのもので、CIAなどアメリカ側が提供したものではなかった。断っておくが、これはあくまでも辻が入手した情報であって、それが事実かどうかはまた別だ。

このように左翼系野党を切りつけておいて、返す刀で当時の鳩山政権をもこう切り捨てている。

「日本の政権中枢は中国共産党に籠絡されて、国防をなおざりにしている。ソ連との国交回復を進めるのはいいが、共産主義に寛容になり、警戒を緩めてしまっている。これでは、日本は危ない。吉田政権のほうがまだ反共産主義という点では態度がはっきりしていた」

こう言いながらも、辻は前年、ジューコフとの会談を果たしたせいか、ソ連には手加減していた。中国とソ連による政治資金提供としながらも、中国については金額や授受の様子など詳細まで明らかにするのに対し、ソ連に関しては具体的内容には何も触れなかった。

やはり、前に見たように、自分もまたソ連との国交回復交渉を最優先で解決しなければならないと考えていたので、控えたのかもしれない。その代わりに中国共産党を槍玉にあげたということだろう。

注目すべきは、この辻情報と「親米的保守政治家」へのCIAによる資金援助との関係だ。近年、アメリカ政府は外交文書集『アメリカの外交―一九六四年―六八年』の「編集ノート」のなかで「アイゼンハワー政権は、一九五八年五月の日本の総選挙の前に何人かの親米的保守政治家に限定的資金援助と選挙に関する助言を与える許可をCI

Aに与えた」と認めた。

このノートは同時に、「アイゼンハワー政権は一九五九年に、より親米的でより〈責任ある〉野党が誕生することを期待して左翼的野党から穏健派を離脱させる非公然の工作（具体的には七万五〇〇〇ドル、日本円で二七〇〇万円の資金供与）をCIAが行うことを許可した」ことも認めている。

保守大合同のあとの保守政党といえば自由民主党しかないので、「親米的保守政治家」とは岸信介など自由民主党の親米的政治家ということになる。そして、この当時「左翼的野党から離脱した穏健派」で該当するものは民社党しかない。

このような政治介入は言語道断で、日本人としては厳重に抗議しなければならないが、アメリカ側の主張は、ソ連や中国など共産主義陣営が日本の左派勢力に政治資金の供与などで梃入《てこい》れをしているので対抗上不可欠だったというものだ。

こうしたCIAの判断のもとになったのが、この辻情報も含めたソ連や中国による日本社会党右派・左派への政治資金の供与に関する情報だったのだ。国務省側の文書からは、ソ連から資金援助を受けた社会党の衆議院議員候補者が、農村地帯で大金をばら撒き、当選したという情報さえでてくる。

辻のインテリジェンス収集の旅

五七年一月二日、辻はまたしても派手なスタンドプレーを繰り広げる。イラン、エジプト、シリア、ユーゴスラヴィア、トルコ、インドなどの国々を歴訪したのだ。しかも、この間、辻は、シリアのクドシ、エジプトのナセル、ユーゴスラヴィアのチトーなどと直接会談した（TSU, 57, 4, 3）。

実はこの歴訪は彼と仲のよい石橋湛山総理大臣の依頼によるものだった。つまり、石橋政権のために第二回アジア・アフリカ会議の根回しと中東外交のための情報収集が目的だった（TSU, 57, 3, 30）。石橋がスポンサーだったので、一国会議員に過ぎない辻が、ナセルやチトーのような元首と会談できたのだ。つまり、実質的に辻は石橋の特使だった。

ところが、石橋政権は、石橋が肺炎を起こしたため同年二月二三日に終わってしまった。三月七日に辻が帰国したときには岸信介が政権を握っていた。

辻は岸にも収集した情報を与えたが、岸は以前から辻を評価していなかった。辻もまた、岸を好ましく思っていなかった。

それでも彼は大陸問題研究所で中東レポートを報告したのだが、自衛隊の一部が反応したただけで、日本の外交政策に活かされることはなかった（TSU, 57, 3, 24）。だが、その内容は、大陸問題研究所、官房調査室、外務省にいる情報提供者によってアメリカの情報機関（ＯＳＩとＣＩＡ）に流れた。

五九年、辻は岸の金権政治を激しく執拗に攻撃した。自民党は根拠のない中傷を繰り返したとして、辻を自民党から除名した。このため辻は衆議院議員を辞職、無所属で参議院に立候補しなければならなかったが、持ち前の人気で当選した。

その後、この章の初めに述べたように、辻は六一年、東南アジア、とくにインドシナの情勢を視察してくるといって出張にでたきり行方がわからなくなった。そして、同年の夏ころから彼の失踪についての報道がマスコミを賑わすようになった。

後にわかった辻の足取りを時系列に整理すると次のようになる。

一九六一年四月　四日　羽田を発つ。
　　　　　　　　同日　タイ、バンコック到着。
　　　　　　　一四日　ラオス、ヴィエンチャンに姿を現す。
　　　　　　　二一日　バンコックから家族宛に葉書を出す。

二二日　ヴィエンチャン発バンコック行きの飛行機をキャンセル。

二九日　伊藤知可士一佐（在タイ兼ラオス大使館一等書記官）にスーツケースを日本に送り返すよう頼む。

五月一三日　消息を絶つ。

二五日　辻の妻が外務省と参議院に消息を尋ねる。

二七日　三好康之がラオス駐留アメリカ空軍大将カーメル・クレイグに電報を打って辻の行方を尋ねる。

七月三一日　家族のもとに夜電話があり、「辻は中国で官憲に射殺された」と告げる。

一九六二年一月一二日　千葉信参議院議員が訪中したときに中国人民外交学会の謝南光に辻の消息について尋ねたところ、「辻は日本を発ったあと北京に一〇日ほど滞在したが、政府関係者に冷たくされて、国外に去った。そのあと再び共産圏に入ろうとしたときにアメリカ軍に射殺されたという風説が北京では流れている」と語った。

三月　六日　参議院予算委員会で千田正が辻の失踪について質問する。

ここで注目すべき点が三つある。一つは辻が消息を絶ったとき、元陸軍少将の三好康之や外務省はラオス駐留アメリカ空軍に辻の行方を尋ねていることだ。三好も若かりし頃、駐アメリカ日本大使館付武官補佐官でアメリカ・コネクションを持っていたのだ。かつ、彼は航空参謀としてノモンハンにも参加しており、辻とも結びつきを持っていた。

さらに、アメリカ空軍と聞いて想起されるのが、ＯＳＩの「フランク」である。つまり、辻が「フランク」を通じてＯＳＩと関係があったのでアメリカ空軍のつてを頼ったとも考えられるのだ。

オニールは死亡記事の記述によれば、外交顧問団の一員として南ヴェトナムに駐在したとあるのだから、この当時、彼が南ヴェトナムにいた可能性すらある。

二つ目は六一年七月三一日の辻の留守宅への電話である。「官憲に射殺された」と告げる電話はそのアクセントからどうも日本人ではないようだとＣＩＡ報告書は述べている。一体誰が何のためにこんな電話をしたのだろうか。そして、辻は本当に中国で官憲に射殺されたのだろうか。そうだとすれば中国のどこでそれが起こったのだろうか。

三つめは、第五章にもでてくる謝南光が辻の消息についてした発言だ。謝は辻が日本を発ったあと、いつの時点かはわからないが北京に一〇日滞在したといっている。だが、そのあと辻が中国政府関係者に冷たくされて中国から去ったあと、アメリカ軍に射殺されたと中国では噂されていると語っている。

千葉信は社会党の参議院議員会長を務めるほどの大物なのでこのように謝にいろいろ聞くことができたのだろう。だが、謝はこのあと、千葉にそのようなことを言ったことはないと一転して否定している。

中国国民党の駐日代表部にいて辻や辰巳などと接触して、中国共産党に情報を流し、その後中国本土に逃れて出世した彼が、ここでまた登場するのは何かあると感じざるをえない。

野田衛の「潜行三千里を追って」

このあと六二年五月になって、産経新聞記者野田衛が辻の失踪の謎を突き止めようと東南アジアの国々を追跡取材し、「潜行三千里を追って」という記事をまとめた。面白いことに、この記事の連載（同年八月一六日から八月二三日）はＣＩＡ文書からも出てくる。ということは、ＣＩＡもこの記事に注目していたということになる。

この記事でわかるのは、辻の足取りが確認できるのは、六月一〇日までだということだ。スファヌボン殿下妃に真珠のネックレースを贈ったという物的証拠もある。辻には真珠を扱っている友人がいた。

しかし、そのあと消息は途絶える。

事件から一七年後、新証言が登場する。七八年九月五日にかつて東京銀行ヴィエンチャン支店に勤めていた赤坂勝美がおよそ次のように証言したのだ。彼は元日本兵で終戦後も現地に残って戦い続け、現地のパテト・ラオ軍の幹部になっていた人物だ。


（前略）昭和五十三年の春、私（赤坂）はビエンチャンの街頭で、パテトラオ軍時代に教えた旧部下に出会ったのです。（中略）昔話を交わしているうちに、私はふと、辻先生のことを聞いてみる気になり、〝日本人の坊さんで、背の高いメガネを掛けた人に会ったことはないか〟と聞くと、彼は、〝その人なら知っている。自分が最高司令官に命ぜられて銃殺した〟といいました。

驚いてくわしく聞くと、彼は十数年前に部下三人とともにジャール平原の一角で黄衣の僧を銃殺したというのです。当時は僧の姿に化けたスパイがたくさん入りこんでいたので、捕まえては処刑していたらしいのです。しかし、処刑者の名前も、死体を埋めた場所も憶えていなかったので、私はその部下によく調べて教えてくれと頼みました。（中略）

それきり返事はなく、どうしたのかなと思っているうちに、その年八月、私は突如、ラオス政府から一週間以内に国外へ退去せよと命ぜられました。理由も何も告げられず、ただ国を出ろというのです。

（橋本哲男『辻政信と七人の僧』から）

これによると、辻はジャール平原でパテト・ラオの兵士に銃殺されたことになる。六月一〇日以降、とくにスファヌボン殿下と会見したあとの辻の足取りは誰もはっきり証言していない（ソ連製輸送機でハノイに向かったというのはあくまでも推測）ことから、これが事実である可能性は低くない。

勘ぐれば、証言の通り、パテト・ラオの兵士が殺害してしまったことを知っていたからこそ、プーマ殿下は、辻がソ連製輸送機でハノイに行ったらしいと、曖昧なことをいったのかもしれない。

もっとも、辻殺害があったとしたら、それは意図的というよりは偶発的なものだっただろう。辻がスパイ狩りにひっかかったとしても、彼がアメリカや日本のスパイだと知っていて銃殺したということではなかったことになる。この証言は当時の状況に一致しているので、今日ではこの辻ジャール平原銃殺説が一般的になってしまった。

ＣＩＡファイルからでてきた怪文書

しかしながら、ＣＩＡ文書からはもっと有力な情報がでてくる。それは次のような怪文書だ。長いが重要なので以下に引こう。なお、この文書の原文は中国語で書かれているが、添付されている日本語に訳してあるほうを引用する。

茂生兄

前に調査依頼された辻政信氏の失踪に関する詳細状況に就いて現在ここに獲得した結果を各条項に分けて詳細に次のように述べますから御覧の上御指示を賜りたく存じます。

関係方面からの連絡に拠りますと現在辻政信氏は相変わらず中国雲南省内に抑留されており、其の生命は未だ如何なる脅威を受けておりません。只中共当局は彼を利用する意思があり、彼を改造したのち東南亜戦略委員会設計部部長に任命する計画をしており、彼に宣言を発表させて日米関係と日本の東南亜に於ける地位に打撃を与えるべく計っております。しかし中共の右派份子では裏で彼を釈放し、依って日本政府の政治上、経済上の裏面支援を得ようと考えております。

現在小生が獲得した辻政信氏に関する消息と資料は中共右派份子が供給して下されたものであり、故に小生がついでに如何なる資料があって辻氏が中国雲南省内に尚健在にして居ることを証明できるか、又如何にして辻氏を生還させることが出来るか、そして中共右派份子は日本政府に裏面で如何なる指示を必要とするか、其の条件等種々の問題を問いましたが、何れも其の回答を得ました。(中略)

辻政信氏が現在雲南省に生存していることを証明するために関係方面は日本政府から人員を派遣してラオスより雲南省内に入り辻氏と面会させることを承諾しており、これに依って健在を立証することが出来ます。若し代表を雲南省内に派遣したくない場合は辻氏の家族より辻氏に自らの回答して貰いたい問題を書き、辻氏にテープレコーダー録音を通じて回答させ其の録音テープを辻氏の家族に渡して弁別すればよいと思います。

辻氏の生還を順調に進行する為各方面は日本より代表を香港に派遣して相談したい要求があり、来港した代表に次のような文件を直接渡し彼らの身份を明らかにして双方の信心を堅めたいとの事です。

㈠中共が辻政信を誘導捉捕した原因
㈡ラオスのエンチェ《ママ》ンでダッチ《ママ》されて共産地区に赴いた経緯
㈢辻氏が雲南省委員会での坦白書の内容（辻氏が自筆で書いたもの）
㈣中共が辻氏を改造後東南亜戦略委員会設計部部長に任命する計画内容
㈤中共が辻氏を利用して宣言を発表させ日米関係と日本の東南亜に於ける地位に打撃を与える計画内容
㈥中共右派が裏面工作で辻氏を釈放する目的
㈦日本政府に政治上及び経済上裏面より中国共産党改革同盟会に支持して貰う意見書

又関係方面の表示に依れば辻政信氏の息子辻徹君が前に香港に来て其の父親を救出する工作をしましたが、当時は時期が未熟であり、故に関係方面は自ら相談に乗らなかったが辻徹君の誠意には特に感激しておりました。しかし当時の人事上と環境が何れも非常に複雑で仲々表面に出て相談することも確かに難しいことでした。

尚この工作の進行順序については関係方面の表示に拠りますと次の通りです。

㈠先ず辻氏の奥様に前に述べた手紙（中略の中にある「奥様に出された書留の手紙」のこと）の内容が一致しているかを研究する。

㈡又辻徹に来港して接渉《ママ》した当時の経緯を詳細に聞き当時の環境の複雑さが立証される。

㈢上述両項が何れも確実であれば、代表を香港に派遣して接渉《ママ》する。

㈣雲南省内に入って辻政信氏の健在を確かめる其の旅費は一切日本で負担する。

㈤米ドル一万ドルを準備しこの工作の進行中の特殊な支出に当《ママ》る。

㈥辻政信氏の健在が立証されて後に双方が会談して日本政府の政治上、経済上の中国共産党改革同盟会を支持する保証を打ち合わせる。

(七)双方は必ず協定を履行する。

以上の各種は何れも小生が自ら談話中にメモした要点であり、特にここに報告します。辻氏を生還させるには特に時期を把握し、機密を厳守する様願います。

大安

弟　林宣蘺　上

一九六二年八月八日

原文が中国語なのでいたしかたないとはいえ、少し不自然な日本語なので、おそらくこれは連絡役を務めた中国人が中国語の原文を訳したものだろう。現物はEastern Industrial Corp. という社用箋に書かれている。

怪文書は真実を語っているか

この文書が重要なのは、日付が六二年八月八日になっていることだ。つまり、ジャール平原で辻が姿を消したあとおよそ一年後の辻の消息について述べている。

ここに書かれていることが本当だとすれば、辻はハノイから（あるいはジャール平原から）ヴィエンチャン（引用文中ではエンチェン）にもどったあと中国共産党過激派によって拉致（引用文中ではダッチ）されて雲南省内に連れていかれたことになる。これは、これまでわかっている事実と矛盾しないし、十分ありうることだ。

また、辻がバンコックから出した葉書の内容の確認を求めたり、人員をラオス経由で雲南に送ってくれれば辻本人に会わせるといったり、それができないなら家族が辻に聞きたいことを書いてもらって、それに対する辻の答えをテープレコーダーで録音して家族に届けるといったり、確かに彼らが辻の身柄を確保していることをうかがわせる内容になっている。

しかも、この文書は辻の健在を証明することに積極的で、それを確認したうえで、次の交渉に入ろうと日本側に申し出ている。辻の失踪を香港あたりの新聞などで知って、その弱みにつけこんで、金品を騙し取ろうというのではないようだ。

事実、六二年九月一一日の文書によれば、同年五月後半にCIA極東課に、辻が自筆で宛名を書いたとされる封筒が持ち込まれたが、筆跡鑑定の結果が八月二四日に出て、辻自身のものであると断定された。この文書は前掲の林某の文書とセットになってでてくるので、同じ連絡役が五月ころに日本側にもたらしたものと考えられる。

そして、わざわざ筆跡鑑定に回していることから考えて、この連絡役との交渉は辻の家族には知らされていなかった可能性が大きい。

文書の内容についてみても、辻を東南アジア戦略企画部長にし、日米関係と日本の東南アジアでの地位に打撃を与えたいという主張は、当時の辻と日本の状況をよく踏まえている。

辻は、なし崩し的にできてしまった日米関係を自衛中立という自らの観点から批判し、改善を求めていたし、岸政権で一気に行われた戦争賠償をからめた東南アジア各国との国交正常化にも大いに不満だった。その岸を辻は執拗に攻撃したため自民党から除名されて、無所属に戻ったうえで参議院に鞍替えしなければならなかったくらいだ。

このような辻を改造したあと戦略企画部長のポストを与えて対日・対米プロパガンダに使うというアイディアは、いかにも中国共産党が考えそうなものではある。

中国国民党が辻に国防部のポストを与えて対ソ連インテリジェンスに使っていたという事実も、謝南光を通じて中国共産党幹部のあいだでは知れわたっていただろう。また、雲南省は中国国民党の残党がいるラオスに近い。辻は「日本義勇軍」の後も何度か秘密の工作のためにインドシナのこの地域に足を運んでいた。もちろん、これも謝南光はよく知っている。

このようなことから、この林なる人物は、身代金を詐取するためにでまかせを言っているのではなく、本気で政治的裏取引を持ちかけていると考えられる。

しかも、その秘密交渉の相手は、「日本」とか「日本政府」という言葉がよく出てくることからもわかるように、池田政権下の日本政府だということだ。

辻の生命と引き換えに政治的要求を日本政府に突き付けている。この文書が本物ならば、雲南省の中国共産党（少なくともその一派）による邦人（ただし辻は日本政府とアメリカ空軍のミッションを帯びた工作員である可能性がある）の拉致事件だといえる。

他方で、六二年一〇月一〇日の報告書はこの文書について次のような解釈を述べている。

――――――

対象（辻）は雲南省の共産主義者に身柄を拘束されていて連絡がつかない状態になっている。彼らは対象を最大限に利用するつもりだ。身代金と引き換えに対象を中国人から取り戻せる可能性がある。

ということは、ＣＩＡは交渉相手が政治的目的を掲げていても、身代金で解決する可能性があるとみていたということだ。そして、この文書がＣＩＡ辻ファイルの最後の一枚になっている。従って、その後日本政府がこの件に関してどのような対応をとったのか、その結果がどうなったのか、ＣＩＡ側の文書からはまったくわからない。

朝枝は知っていた

このころの辻のインテリジェンス活動をもっともよく知っている朝枝は、『「政治家」辻政信の最後』のなかで次のように語っている。

いつだったか、香港の新聞に台湾の国民党政府の情報として、辻さんが雲南省の昆明に軟禁されていて、脚気を病み、人を頼んで香港に薬を求めにこさせたという記事が出ていた。それに感ずるものがあったのだが、辻さんは、ジャール平原で中共の諜報機関に拉致され、昆明あたりに軟禁されて、外部との連絡も禁止された、という気がしてならない。（中略）

昭和三十六年三月には、池田首相のケネディ大統領にたいする提言のために、辻さんはラオス、北ベトナムに潜行し、内情を偵察して、所見を提供しようとした。

　これらの辻さんの言動は、諜報網を通じ、すべて北京政府やハノイ政府の知るところとなって、辻さんは信ずべからざる人物とみなされていたと思う。

　北京政府は、辻さんを拉致し、抹殺はせずに、無害の境遇に置くことにしたと、僕は見ている。カンによる推測だが。


　おそらく朝枝は、筆者が辻ファイルのなかに見つけたのと同じ文書を読んだのだろう。というより、雲南省の共産党右派（あるいは謝南光）と日本政府のあいだの連絡役となったのは、彼自身だったかもしれない。

　これ以後まったく報告がＣＩＡにあがってこなくなったということが、この件がそのあとどうなったかを暗黙のうちに語っている。

　辻はかつて「潜行三千里」でたどり、その後も何度かたどった道の途中で忽然と姿を消し、その後二度と日本人の前に姿を現わすことはなかった。今わかっていることは、それだけだ。

あとがき

本書を脱稿したあとの六月二日、鳩山由紀夫総理大臣が普天間基地の県外移設の公約を破った責任を取って辞任を表明した。校正に入っていた九月七日には尖閣諸島での中国漁船衝突事故が起き、同月二五日、中国の圧力に負けた日本政府は漁船の船長を釈放した。

この二つの事件は、われわれが何をなおざりにしてきたかをはっきりと示した。十分な防衛力を持ち、自衛できなければ、一国の総理大臣が不退転の決意をしても、自国内の外国の一基地を移転させることすらできない。また、自国の意思だけで自衛権を発動できない国は、自国の領土に対する主権を主張するのにも他国の顔色を窺わなければならない。

これらの事件を見て、筆者は「大本営参謀」が戦後抱き続けてきた思いをより深く理解できるように感じた。本書で描いた「大本営参謀」の代表格ともいえる辻は、つねづね「罪の万分の一を償う道は、戦争放棄の憲法を守り抜くために余生を捧げることだ」と語っていた。そのために彼がすべきと考えたことは、自衛力を放棄することではなく、自衛できるだけの防衛力を築くことによって、戦争に巻き込まれないよう、アメリカやソ連や中国に対して日本が中立を保てるようにすることだった。他の四人も程度の差こそあれ、同じ事を目指していた。

辻や他の四人の「大本営参謀」の戦後の戦いをどう見るかは読者の自由に任されている。筆者としては、彼らが戦後していたことを賛美したつもりも、貶めたつもりもない。だが、彼らが敗軍の将として無為に余生を過ごしていたなら、日本は現在の国防力すら持てなかった可能性があったと考える。彼らが「罪の万分の一」でも償えたかどうかはわからないが、なすべきと彼らが考えたことの万分の一はしたといえるのではないだろうか。

少なくとも、戦争放棄を自衛力放棄と履き違えて、なすべきことをなさず、今日の惨状を招いてしまったわれわれに、「しなかった」と彼らを責める資格はないのではないか。

執筆にあたって、今回も多くの方々の助けを借りた。ソースにそれらの名称が挙げられているアメリカの公文書館と図書館のアーキヴィストとキュレーターの方々には、これまでと同じようにさまざまなことで助けていただいた。また、筆者は軍事史については専門外なので、宮杉浩泰氏にお願いして原稿に目を通してもらい、いろいろご教示いただいた。早稲田大学二〇世紀メディア研究所（重点研究領域）、およびそのメンバーの山本武利、加藤哲郎、春名幹男、土屋礼子各氏からは支援と有益な助言をいただいた。ここにお礼を申し上げたい。

筆者

二〇一〇年一一月　七ツ森にて

年表

一九四五年	八月一五日	玉音放送。
	九月　二日	ミズーリ号で終戦協定に調印する。
	九月二四日	河辺、有末と共にウィロビーと食事する。
	八月	有末、対連合軍陸軍連絡委員長（有末機関機関長）となる。
	一二月　一日	陸軍省、海軍省解体、第一復員省、第二復員省となる。
一九四六年	一月二五日	児玉、Ａ級戦争犯罪容疑者として、巣鴨プリズンに入る。
	五月二二日	第一次吉田内閣成立。
	五月	辰巳、服部、中国から帰国、有末第一復員省を辞める。
	六月一五日	第一・第二復員省廃止、統合されて復員庁になり第一復員局と第二復員局を置く。
	七月	有末、Ｇ・２顧問となる。
	九月一一日	辻、ＧＨＱに戦争犯罪者として指名手配される。
	一二月	服部、復員庁第一復員局史実調査部長になる。
		河辺機関創設。有末、河辺機関に入る。
一九四七年	五月	服部、ＧＨＱの歴史課に勤務する。

一九四八年	一月　一日	復員庁を廃止、厚生省に移管して復員局となる。
	春	辻ひそかに日本に帰国。
	一〇月一九日	第二次吉田内閣成立。
		ウィロビー、有末に秘密機関設立を要請。
		有末、河辺に秘密機関設立を要請。
	一二月二四日	児玉、巣鴨プリズンから釈放。
一九四九年	一月二六日	岡村寧次、中国国民党から無罪放免される。
	二月　四日	岡村、日本に帰国。
	二月一六日	第三次吉田内閣成立。
	六月二六日	根本博元中将、台湾へむけて出航。
	八月二九日	ソ連、セミパラチンスクで原爆実験に成功。
	九月	児玉が「日本義勇軍」の募兵を行っていることが報告される。
	九月三〇日	イギリス軍のすべての戦争犯罪者裁判を終了する。
	一〇月　一日	中華人民共和国成立を宣言。
	一二月一二日	辻、戦犯指定解除。

一九五〇年	六月	辻、日本義勇軍として台湾経由でインドシナに渡る。
	六月一〇日	辻、『潜行三千里』を出版。
	六月二一日	ジョン・フォスター・ダレス来日、のちに鳩山と会見。
	六月二二日	ダレス特使、日本に再軍備を要求。
	六月二五日	朝鮮戦争勃発。
	八月一〇日	警察予備隊発足。
一九五一年	一月二五日	ジョン・フォスター・ダレス再来日。
	二月　三日	野村吉三郎、GHQ外交局主催のパーティーでダレスと会い、国防案を提示。
	二月　六日	ダレス、鳩山とホテルでひそかに会見。
	四月一一日	マッカーサー極東軍総司令官を解任される。
	九月　八日	サンフランシスコ講和条約、日米安全保障条約調印。
一九五二年	二月	内外情勢を研究するため如月会を結成。
	四月　九日	総理大臣官房調査室設置（のちに内閣調査室となる）。
	四月二八日	講和条約、安保条約発効。GHQ廃止。
	八月　一日	保安庁発足（警察予備隊、海上警備隊を統合）。

	一〇月　一日	緒方竹虎、辻政信、衆議院選挙で当選する。
	一〇月一五日	警察予備隊を保安隊に改変。
	一〇月三〇日	第四次吉田内閣成立。
	一二月一五日	ＣＩＡ副長官アレン・ダレス来日（息子の看病のため）。
	一二月二六日	アレン・ダレス、吉田、緒方、村井会談。日本版ＣＩＡについて議論。
一九五三年	五月二一日	第五次吉田内閣成立。
	七月二七日	朝鮮戦争休戦。
	八月	村井官房調査室長闇ドル事件。
	一二月一八日	村井官房調査室長更迭、鈴木耕一代理となる。
一九五四年	一月	ソ連外交代表部ユーリー・ラストボロフ、アメリカへ亡命。
	一月二七日	木村行蔵、官房調査室長に就任。
	七月　一日	自衛隊発足。
	一二月一〇日	第一次鳩山内閣成立。
一九五五年	三月一九日	第二次鳩山内閣成立。
	七月　一日	官房調査室長木村から古屋亨に替わる。

	八月二九日	辻、訪中・訪ソ国会議員団の一員として訪中。
	九月二〇日	辻、訪中・訪ソ国会議員団の一員として訪ソ。
	一一月一五日	保守（自由党、民主党）大合同。
一九五六年	一月二八日	緒方急死。
	一二月二三日	石橋内閣成立。
一九五七年	一月　二日	辻、中近東・中国・インド・ユーゴ歴訪の旅にでかける。
	二月二五日	第一次岸内閣成立。
	八月　一日	官房調査室、改組されて内閣調査室になる。室長は引き続き古屋亨。
一九六〇年	四月三〇日	服部死去。
	六月二五日	河辺死去。
	七月一九日	第一次池田内閣成立。
	一二月　八日	第二次池田内閣成立。
一九六一年	四月　四日	辻、東南アジア出張。そのまま行方不明となる。
一九八八年	二月一七日	辰巳死去。
一九九二年	二月一四日	有末死去。

参考・引用文献

有末精三、『ザ・進駐軍』、芙蓉書房、一九八四年
有末精三、『有末機関長の手記』、芙蓉書房、一九七六年
石橋湛一・伊藤隆編、『石橋湛山日記（上・下）』、みすず書房、二〇〇一年
石原莞爾、『最終戦争論・戦争史大観』、中公文庫、一九九三年
伊藤隆・季武嘉也編、『鳩山一郎・薫日記（上・下）』、中央公論新社、一九九九、二〇〇五年
井上清、『宇垣一成』、朝日新聞社、一九七五年
猪俣浩三、『占領軍の犯罪』、図書出版社、一九七九年
今西英造、『昭和陸軍派閥抗争史』、伝統と現代社、一九八三年
岩川隆、『日本の地下人脈』、祥伝社文庫、二〇〇七年
C・A・ウィロビー、大井篤訳、『マッカーサー戦記』、朝日ソノラマ、一九八八年
C・A・ウィロビー、延禎監訳、『知られざる日本占領』、番町書房、一九七三年
生出寿、『「政治家」辻政信の最後』、光人社、一九九〇年
大嶽秀夫、『再軍備とナショナリズム』、講談社学術文庫、二〇〇五年
大森実、『戦後秘史7　謀略と冷戦の十字路』、講談社、一九七六年
大森実、『戦後秘史10　大宰相の虚像』、講談社、一九七六年
大森実、『激動の現代史五十年』、小学館、二〇〇四年
大森義夫、『日本のインテリジェンス機関』、文春新書、二〇〇五年

参考・引用文献

岡崎勝男、『戦後二十年の遍歴』、中公文庫、一九九九年
河辺虎四郎、『市ヶ谷台から市ヶ谷台へ』、時事通信社、一九六二年
岸信介、矢次一夫、伊藤隆、『岸信介の回想』、文藝春秋、一九八一年
児玉誉士夫、『悪政・銃声・乱世』、広済堂出版、一九七四年
児玉誉士夫、『風雲（上・中・下）』、日本及日本人社、一九七二年
児玉誉士夫、『われかく戦えり』、広済堂出版、一九七五年
フランク・コワルスキー、勝山金次郎訳、『日本再軍備』、サイマル出版会、一九六九年
重光葵、『続重光葵手記』、中央公論社、一九八八年
週刊新潮編集部、『マッカーサーの日本（上・下）』、新潮文庫、一九八三年
ハワード・B・ションバーガー、袖井林二郎訳『ジャパニーズ・コネクション』、文藝春秋、一九九五年
住本利男、『占領秘録』、中公文庫、一九八八年
袖井林二郎編訳、『吉田茂=マッカーサー往復書簡集』、法政大学出版局、二〇〇〇年
高山信武、『服部卓四郎と辻政信』、芙蓉書房、一九八〇年
竹前栄治、『GHQ』、岩波新書、一九八三年
竹前栄治、『日本占領』、中央公論社、一九八八年
竹前栄治、天川晃、『日本占領秘史（上）』、朝日新聞社、一九七七年
田中隆吉、『日本軍閥暗闘史』、中公文庫、一九八八年
田中隆吉、粟屋憲太郎他編、『東京裁判資料、田中隆吉尋問調書』、大月書店、一九九四年

田中隆吉、『裁かれる歴史』、長崎出版、一九八五年
野田衛、『辻政信は生きている』、宮川書房、一九六七年
橋本哲男、『辻政信と七人の僧』、光人社NF文庫、二〇〇九年
秦郁彦、『史録　日本再軍備』、文藝春秋、一九七六年
秦郁彦、『昭和史の軍人たち』、文春文庫、一九八七年
秦郁彦、『昭和史の謎を追う（上・下）』、文春文庫、一九九九年
秦郁彦、袖井林二郎、『日本占領秘史（下）』、朝日新聞社、一九七七年
畠山清行、『何も知らなかった日本人』、祥伝社文庫、二〇〇七年
服部卓四郎、『大東亜戦争全史』、鱒書房、一九五六年
春名幹男、『秘密のファイル（上・下）』、新潮文庫、二〇〇三年
半藤一利、保阪正康、『昭和の名将と愚将』、文春新書、二〇〇八年
ロバート・ホワイティング、松井みどり訳『東京アンダーワールド』、角川書店、二〇〇〇年
増田弘、『自衛隊の誕生』、中公新書、二〇〇四年
D・マッカーサー、津島一夫訳、『マッカーサー大戦回顧録（上・下）』、中公文庫、二〇〇三年
三田和夫、『赤い広場―霞ヶ関―山本ワシントン調書』、20世紀社、一九五五年
御手洗辰雄、『三木武吉傳』、四季社、一九五八年
宮澤喜一、『戦後政治の証言』、読売新聞社、一九九一年
宮澤喜一、『東京―ワシントンの密談』、中公文庫、一九九九年
武藤章、『比島から巣鴨へ』、中公文庫、二〇〇八年

吉田茂記念事業財団編、『吉田茂書翰』、中央公論社、一九九四年
吉原公一郎、『謀略列島』、新日本出版社、一九七八年
読売新聞戦後史班編、『「再軍備」の軌跡』、読売新聞社、一九八一年
渡辺武、大蔵省財政史室編、『渡辺武日記』、東洋経済新報社、一九八三年
渡邊行男、『宇垣一成』、中公新書、一九九三年
Halberstam, David, *The Coldest Winter*, Gale, 2008.
Hunt, Howard E, *Under-Cover : Memoirs of an American Secret Agent*, Berkley Publishing Corporation, 1974.
Mercado, Stephen, “A Contrary Japanese Army Intelligence Officer”, *Studies in Intelligence*, CIA, 1997
Roberts, John G, and Glenn Davis, *An Occupation without Troops*, Yenbooks, 1996.
Schonberger, Howard B, *Aftermath of War*, The Kent State University Press, 1989.
Weiner, Tim, *Legacy of Ashes : The History of the CIA*, Doubleday, 2007.
Willoughby, Charles A., and John Chamberlain, *MacArthur 1941-1951*, McGraw-Hill, 1954.
Special Operations Research Office, American University, Selected Groups in the Republic of Vietnam, http://www.ibiblio.org/hyperwar/NHC/khmer/khmer.htm
Frank G. O'Neill Obituary, www.nytimes.com/.../frank-g-o-neill-war-prosecutor-83.html

第1次資料

NARA, Archive II(College Park, MD)

RG 263, First Release of Name Files Under the Nazi War Crimes and Japanese Imperial Government Disclosure Acts, 1923–1999, ZZ–16, Ishii Shiro, Box 27
RG 263, Second Release of Name Files Under the Nazi War Crimes and Japanese Imperial Government Disclosure Acts, 1946–2003, ZZ–18, Arisue Seizo, Box 3 以下は同じコレクションから。
RG 263, Second Release, ZZ–18, Hattori Takushiro, Box 46.
RG 263, Second Release, ZZ–18, Kawabe Torashiro, Box 65.
RG 263, Second Release, ZZ–18, Kodama Yoshio, Box 67.
RG 263, Second Release, ZZ–18, Nomura Kichisaburo, Box 95.
RG 263, Second Release, ZZ–18, Ogata Taketora, Box 95–96.
RG 263, Second Release, ZZ–18, Shigemitsu Mamoru, Box 119.
RG 263, Second Release, ZZ–18, Tatsumi Eiichi, Box 128.
RG 263, Second Release, ZZ–18, Tsuji Masanobu, Box 130.
RG 263, Second Release, Subject Files, ZZ–19, Box 19.
※ただし、このコレクションはさらに公開が進んでいて資料も増加するのでボックスの番号が変わる可能性がある。エントリー番号（ZZ–18）は二〇〇九年九月の段階で変化していない。
RG 554, FEC, SCAP, UNC, Assistant Chief of Staff, G2, Okamura, Reports of Interview and Interrogations, Japan 8025, Box 17.
Seeley G. Mudd Manuscript Library of Princeton University（Princeton, NJ）
Allen Dulles Papers, Box 121.

大久保俊次郎「対露暗号解読に関する創始並びに戦訓等に関する資料」、防衛研究所
野村吉三郎、野村吉三郎関係文書、憲政資料室、国立国会図書館

新聞・雑誌記事、国会議事録、研究発表など
ヨミダス歴史館、一九五二年一一月二二日付「強力な情報機関設置」など。

国会会議録、一九五二年一二月八日衆議院予算委員会議事録など。

朝日新聞、一九五三年一月二八日付コラムなど。

共同通信社、二〇〇六年八月二〇日、「幻の新日本軍計画　旧軍幹部　首相に提案」。

共同・USFL、二〇〇六年八月二九日、「GHQ資金で反共工作」。

時事通信社、二〇〇七年二月二六日、「服部卓四郎ら　吉田茂暗殺・クーデターを計画」。

『真相』、人民社、一九五〇年一〇月一五日、「台湾義勇軍募兵の陰謀」など。

写真提供
毎日新聞社／PANA

有馬哲夫　1953（昭和28）年生まれ。早稲田大学教授（メディア論）。著書に『中傷と陰謀　アメリカ大統領選狂騒史』『原発・正力・CIA　機密文書で読む昭和裏面史』など。

Ⓢ新潮新書

400

大本営参謀《だいほんえいさんぼう》は戦後《せんご》何《なに》と戦《たたか》ったのか

著者　有馬哲夫《ありまてつお》

2010年12月20日　発行
2019年3月5日　3刷

発行者　佐藤隆信

発行所　株式会社新潮社

〒162-8711　東京都新宿区矢来町71番地
編集部(03)3266-5430　読者係(03)3266-5111
http://www.shinchosha.co.jp

印刷所　錦明印刷株式会社

製本所　錦明印刷株式会社

ISBN978-4-10-610400-8　C0221

価格はカバーに表示してあります。